語り合う！

コペンハーゲン大学のカール教授とイエブレ大学（スウェーデン）の浅見教授，本校の大野桂と協議。
その後，大野桂による日本の分数指導に関する講演が行われた。

イギリスでの授業研究会

ケンブリッジ大学附属小学校
2022年10月13，14日

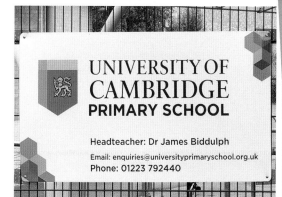

UNIVERSITY OF
CAMBRIDGE
PRIMARY SCHOOL

Headteacher: Dr James Biddulph

Email: enquiries@universityprimaryschool.org.uk
Phone: 01223 792440

授業＆協議会＆講演！

事前の検討会や，授業観察，授業後の協議会をケンブリッジの先生方と実施。
盛山は２年生に三角形の導入授業，大野は４年生に割合の導入授業を行った。
その後，大野はケンブリッジでも分数指導について講演をし，先生方と意見交換をした。

業の板書

三角形の導入授業の板書。
子どもたちは，三角形の特徴を捉え，言語化していった。

分数についての講演

イギリスでも分数指導の
問題点について共有した。

FEATURES

算数が苦手な子への指導

REGULARS

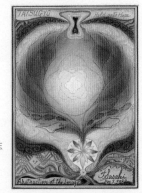

表紙解説　「心象抽象／Hold onto hope」　八洲学園大学 教授　佐々木達行
　デザインテーマ「心象抽象」，本号の主題は「希望を持って（Hold onto hope）」である。緑が繁茂した大地。種が成長して咲かせた花の中から光の輪が天空に広がっていく。中心の白閃光は黄から赤光に変化し青空に届くだろう。渦状の同心円抽象形態と緑と青，黄と赤の補色関係を捉えた心象的な抽象表現である。

小学生のときの授業で覚えていること

私が初めてテストらしいテストを受けたのは小学校１年生のときで，「川の中のうんどうかい」という物語のテストだった。

漢字を書くところがあり，□の右側に「なか」と書いてあった。□の中に漢字を書くということは理解できた中田少年は□の右側のひらがなの「なか」を鉛筆で黒く塗って，そのさらに右側に「た」と書いて，□の中に「田」の漢字を書いた。

そのときの中田少年の思いは「こんなところに"なか"と書いてあったら，みんな"中"と書いちゃうじゃないか。ぼくは"田"を書けるんだよ。先生見て！」であった。

返ってきたテストにはもちろんバツがついていた。他の子の多くが丸をもらう中で，丸がもらえなかった中田少年がどんな気持ちだったのか，そこのところは残念ながら覚えていない。ただ，「た」と書き直し，「田」と漢字が書かれているところにバツがついていた映像が今も残っている。

出された問題にそのまま答えるのではなく，新しい問題を自分で作り出すことができる素晴らしい子どもだと今なら思う。しかし，当時の担任の先生も親も驚いたことだろう。今だったらSNSにつぶやかれて，いいねがたくさんもらえるようなことかもしれない。しかし，50年以上前にはそんなこともなく，だれに教えてもらったのか，中田少年はいつの間にか，□の横に書いてあるひらがなに合わせて□の中に漢字を書くというテストのお約束を学んでいったのである。

こういうテストの作法のようなものにつま

ずく子どもは結構多い。教師としては，それほど問題にしていないが，当の子どもにとってはこれでバツをつけられてしまうのは辛いことだったかもしれない。幸いなことに中田少年はその後，国語を嫌いになることはなかった。

そんなちょっと変なところのある中田少年だったが，算数に苦手意識はもっていなかった。

高学年のときは計算ドリルを終わらせて，一覧表に終わった印のシールを貼っていくことが楽しみな子だった。友だちと競いながら計算ドリルをこなしていた。早いことがよいことだと思っていた。

中学年のときの算数の授業で覚えているのは，１つだけ。コンパスでちょん，ちょんとつけた交点と底辺の頂点を結ぶと正三角形ができることが不思議だなあと思っている自分がいたことを覚えている。円をかくコンパスで三角形がかけることを理解できていなかったのである。

２年生のときのかけ算のテストで，問題文通りに式を書いてクラスのほとんどの子がバツをもらっていたことも覚えている。担任の先生が１つ分といくつ分の話を一生懸命説明していたのだと思うが，そのときの私は理解しないままに聞いていたことを覚えている。

どの先生も大好きな先生で，おかげで今，学校の先生をしているが，そんなちょっとしたところに，算数ってよくわからないなあと思う瞬間があったんだろうなと思う。

と，子どもたちのことをもっとよく見ていかなければいけないなと，改めて思っている。

144号編集担当　中田寿幸

算数が苦手な子への指導

中田寿幸

◆算数が苦手な子

　教室には「算数が苦手」な子どもがいる。

・数が大きくなると，数えるのがずれてしまう子

・ブロックをどう並べればいいのかわからない子

・自信がないので計算ではこっそり指を使っている子

・暗算でどうやって頭の中で考えたらいいのかがわからない子

・筆算で間違えた理由がわからない子

・わり算でどのくらいの答えになるのか見当がつかない子

・分数は分母と分子のどちらを計算すればいいのかわからなくなる子

・小数点を移動させるときにどれだけ動かしたらいいのかよくわからなくなる子

・文章問題の式が何算になるのかがわからない子

・図形がきれいにかけない子

・三角定規，分度器，コンパスがうまく使えない子

・問題の図を見ても，どうしていいのかわからない子

・割合を求めるときに何でわったらいいのかわからない子

・小数でわれる意味がわからない子

・何のグラフにしたらいいのかわからない子

・わからないことが何なのかわからない子

・ノートは黒板を写せばいいと思っている子

　算数が嫌いな子ではない。算数をできるようになりたい。算数を得意になりたい。そう思っているので，うまくいかないときに「算数が苦手」と思っている子どもたちである。

　そんな苦手意識をもって，苦しんでいる子が目の前にいれば，その子への個別の指導を授業者は行ってきた。子どもがつまずくところを予想しながら，ヒントカードを作って個に対応したり，お助けコーナーを用意して，考える助けになる教具を用意したりと，それぞれの個別への指導を事前に考え，準備してきた。しかし，苦手な子どもはどの単元でも，どの授業で，いたるところで出てくる。その一つずつに授業者は対応していくが，そこには限界がある。即時的な対応ではやりきれないことが多い。それでも授業者は真摯に子どもたちの苦手なところをどのように乗り越えさせようと，指導を続けてきた。

◆算数が得意な子

　そんな苦手な子がいると同時に，教室には「算数が得意な子」もいる。

　計算が得意で，早く答えを出せる。公式に当てはめて，計算してすぐに答えが出せる子。既習の学習が十分にできているので，既習の

学習を生かして新しい問題の解決方法をみつけていくことができる子。そんな得意な子が苦手な子と一緒にいるのが教室なのである。

◆わかったつもりになっている子

ところがそんな「算数が得意な子」でも，実はまだよくわかっていないところがあるとか，説明が十分にできていないというところもある。そんな子はわかっているつもりになっている苦手な子ととらえることもできる。

例えば3年生で20×30の計算を0をとって2×3＝6で，とった0を6につけて，600と形式から答えを出せても，どうして0をとって計算して，あとからつければよいのかを説明できないままに使っている子である。

例えば4年生が面積の学習で長方形の面積公式を作っていく前の授業をしているときのこと。縦3cm，横4cmの長方形の面積をすぐに3×4＝12として満足している，わかっているつもりになっている子どもたちがいる。授業者が「どうして3×4って考えたの？」と聞くと，「長方形の縦の長さ3cmと，横の長さの4cmをかけると面積がでるから」のように答える子がいる。「3cmの長さと4cmの長さをかけると面積になるの？ 長さと長さをかけると面積が出てくるの？」のように，聞き返していく。前時までの面積の学習から長方形の中にある単位正方形$1\,\mathrm{cm}^2$の数を数えればよいと素直に考えていくことができないでいるのである。その後，$1\,\mathrm{cm}^2$を数えていく方法として，公式を作っていくのだが，その作り出す過程を考えていくことができなくなっているのである。

このように考えると，「得意だと思ってい

る子ども」でも苦手な部分はあり，すべての子どもが「算数について苦手な部分を持っている」とも考えられる。そんないろいろな種類の「算数が苦手な子」が存在している教室で，日々の授業が行われている。

「算数が苦手な子」へは個別への指導が必要になるときがある。しかし，いつでも個別に指導していればよいのではない。「算数の苦手な子」も友だちから刺激を受け，友だちと一緒に学ぶ中で，理解を進めていくことができるはずである。そして，その「算数の苦手な子」への指導が，「得意だと思っている子」の苦手な部分の理解を深めていくことにもなっていくと考えている。

今回の144号では「算数が苦手な子」への指導はどのようなものなのか，どうあるべきなのかを具体的な実践を通して明らかにしていきたいと考えて特集とした。

座談会では算数部の7人に加えて，ヤコブ先生に入っていただきながら，「算数が苦手な子への指導」について話し合った。ヤコブ先生は日本の算数授業研究をデンマークから，さらにはヨーロッパ全体に広げていこうと学ばれている先生。ヤコブ先生中心になって，今年3年ぶりにデンマークでの研究会が開かれた。筑波の算数部からは盛山，大野が参加し，授業と講演を行った。研究会はイギリス・ケンブリッジ大学附属小学校附属小学校にも広がった。来年も10月にデンマークとイギリスでの算数授業研究会が開かれることが決まっている。今から楽しみにしている。

多面的に考えること

変えることを楽しもう

夏坂哲志

1 「もしも〜だったら」と考えてみる

2年生「かけ算」の授業の一場面。PCで作った下の画面を子どもに見せると、子どもは「何だろう？」「ソーセージかな？」などとつぶやき始める。

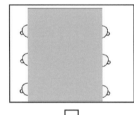

長方形の板の後ろには何かが隠れている。この板は動かせるようになっていて、少しずらしてみると、後ろにはウサギがいることがわかった。

ここで、「ウサギの耳は何本あるかな？」と尋ねてみる。

最初の画面を見て、ウサギが6羽いると思った子は「12本」と答える。

一方、「ウサギはもっといるかもしれない」と考える子もいる。そして、「まだわからな

いよ」「先生、その板をもっと動かしてみて」と言う。これに対し、「答えは12本じゃないの？」と問い返すと、「もし、ウサギが7羽だったら、耳の数は14本だよ」のような答えが返ってくる。

このようなやりとりをした後、板を全部取り払ってみる。すると、実はウサギは8羽隠れていたことがわかる。「ほら〜、やっぱり隠れていた

〜」と盛り上がるのだが、ここで子どもは、「見えているものだけで判断するのではなく、可能性として考えられることを全て考えてみるとよい」ということを学ぶ。

このように、「もしも〜だったら」と考えることは面白いと感じる経験を、低学年から繰り返すことによって、多面的に見ようとする態度は育つと考える。

2 「でも、〜すれば」と考えてみる

ここまで述べた事例は、「2の段」の学習場面である。その数時間後の授業では、次のようなことをした。

はじめに、右図の上の画面を映して見せる。枝豆の絵である。1つ目のさやの中には豆が4個入っていることを確認したところで、「豆は全部で何個でしょうか」と尋ねる。

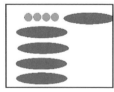

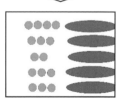

これに対し，「全部，中を見ないとわからない」と言うので，中身を見せると「ほら～やっぱり数が違う～」と言う。全部のさやの中に，豆が同じ数ずつ入っていたらかけ算の式で表せるけど，そうはなっていないのでかけ算は使えないというのである。

ところが，ここで「でもね，こうすると3×5になるよ」と言って，下図のように1段目の豆のうち1個を3段目に移して，個数を全て3個にそろえる子がいる。

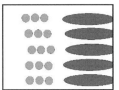

これで，かけ算が使える形になった。

このように，「でもね，こうすれば～」と考えることも，多面的に考えようとする態度を育てることにつながると考える。

3 見る方向の違いに焦点を絞る

6年生で，下の比例の表の x が5のときの y の値について考えた。

x	1	2	3	4	5	…	7.5
y	20	40	60	80		…	

このとき，Aさんは「20×5＝100で求められる」と答えた。その理由も説明した。

これに対し，Bさんは「Aさんの式になる理由もわかるけど，……と見れば5×20＝100でも求められると思う」と説明してくれた。しかし，途中，「……」の部分がうまく言えなくなり，声も小さくなってしまった。そのため，5×20という式だけが黒板に残り，その式になる理由がきちんと伝わらなかった。

多くの子は，「かけ算だから，20と5を入れ替えても答えは同じということだよね」と思っている。

そこで，この2つの式の違いについて考えてみることにした。

「今，2つの式が出されましたね。1つは20×5で，もう1つは5×20です。Bさんは，5と20を入れ替えただけではないよ。2つの式はそれぞれ意味が違うよ。と説明していました。それぞれこの表をどのように見たのでしょうか」

小グループで話し合っている声に耳を傾けると，「横と縦だ」という声が聞こえてきた。

つまり，20×5は表の横の関係（x の値が5倍になると，y の値も5倍）を使って求める式であり，5×20は縦の関係（$y = x \times 20$）を使って求めている式だということである。これは大事な違いだ。

見ている部分や見ている方向の違いは，それぞれの子どもの表現の違いとなって表出することがある。それは，式の順序や括弧のつく位置の違いだったり，助詞の使い方の違いだったりする。そのような小さな違いの中に，実は大切な見方が潜んでいることがある。言った本人が違いに気づいていないこともある。だから，その違いに目を向けて，その価値や面白さに気づけるようにしたい。

それを繰り返すことによって，「今度は，違う部分に目を向けてみよう」とか「違う方向から見てみよう」と考えられるようになることを期待したい。

説明が苦手な原因から
対策を考える

盛山隆雄

1 説明が苦手な原因

説明が苦手な子どもの姿を思い浮かべると，その原因は1つではないことに気が付く。説明が苦手な子どもへの指導をするためには，まずはその原因を分析しておくことが大切である。

(1) 考えが整理できていない

説明をするためには，自分の考えを頭の中で整理する必要がある。考えが整理されていない場合，例えば説明の順序がばらばらになったり，抜けてしまったりする。そうなると相手にうまく伝わらないので，説明に対して苦手意識を持つことになる。

(2) 説明のための道具がない

説明するときには通常音声言語を用いるが，音声言語だけでは相手にうまく伝わらないことがある。よく言う"空中戦"である。

音声言語だけではなく記述言語を用いたり，記号的表現（式）や図的表現，時には操作的表現を用いたりしながら説明することが大切

になる。

(3) 話し方がわからない

特に低中学年の子どもたちにとって，イメージではなんとなくわかっているが，いざ説明となると，どんな言葉を使って説明してよいかがわからなくて困ることがある。

「こっちの数が1大きくなって，こっちの数は1小さくなるので……」

「こっち」という指示語を「たされる数」「たす数」といった用語に置き換えることで説明が伝わるようになる。

また，説明の仕方自体がわからない子どもには，板書でフォローすることが大切になる。授業の前半に，一度モデルとなる説明を板書しておく。それ以降，困ったときはその言い回しを真似するといった支援の仕方である。

(4) 自信がない，緊張する

人前に立つと，緊張して話せなくなったり，間違っていたらどうしようと思って話せなかったりする子どもがいる。こういった子どもには，全体の前での説明の前にペアでの説明活動を入れて，練習させることが大切である。そこで友だちに認められると安心して全体の前で説明することができる。

(5) 自分よがりな説明をする

問題解決ができて，自分の考えを持っている子どもでも，相手に伝えようとする意識がない場合，自分よがりな説明に陥ることがある。それは，早口で雑な説明，言葉だけの説明，途中の式などを省略するような説明のことである。どうやったら伝わるかを新たな課題として取り組ませることが大切である。

2 説明が苦手な子どもへの対応

　1で考察したような原因に対応した指導事例を紹介する。4年生でわり算の性質を学習した場面である。次のような問題を出した。

> 　□このいちごがとれました。2人で等分したら1人分が48こでした。同じ数のいちごを4人で等分したら1人分は何こですか。

　この問題に対して，次のように求める子どもが現れた。

$$\square \div 2 = 48, \quad 48 \times 2 = 96, \quad 96 \div 4 = 24$$

答え24こ

　この解き方に対して，次のように話す子どもがいた。

「そんなことをしなくても，$48 \div 2 = 24$でいいでしょ」

　この$48 \div 2 = 24$という式の意味が分からない子どもがたくさんいたので，説明を求めた。

　その子どもは，次のように話し始めた。

「2人が4人になって2倍になったから，いちごも2倍になって，48の2倍だから……あれっ？」

　その子どもは，まだ自分の考えが整理できていなかった。そこで，子どもたちと対話しながら順に整理していった。

「2人で分けるのが，4人で分けることになったのはいいですか？」

「大丈夫です」

「そのとき，1人分のいちごは2倍になるのかな」

　このようにゆっくりと順に考えた時，先ほど説明をして止まってしまった子どもが，

「わかった。最初のいちごの数は同じだから，

2人が4人になったら，1人分のいちごは半分になるんだ。だから，$48 \div 2 = 24$です」と最後まで説明することができた。

　しかし，その子どもはわかったが，このような言葉の説明だけではわからない友だちがまだたくさんいた。

「どうしたらうまく友だちに伝えることができるかな？」

と問いかけると，図を使えばいいという子どもが現れ，次のような図を板書した。

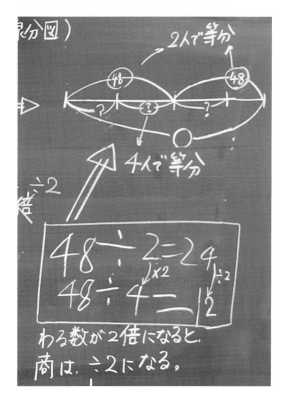

　そして，この図を使った説明をペアで練習させた。それから何人もの子どもが前に出てきて説明を試みた。図からイメージした式の説明も登場し，説明が苦手な子どもも含めて，粘り強く説明活動に取り組み，全員理解にたどりつくことができた。

失敗したときが
うまくなるチャンス

中田寿幸

1 作図が苦手な子

作図が苦手な子がいる。原因は何か。

図形に対する理解が十分ではない。また，作図の基礎的な技能がともなっていない。図をかく絶対数が足りていない子もいる。

子どもは図を上手にかきたいという思いを持っている。その気持ちを高めながら，技能を身につけさせていく必要がある。

2 作図の前に折り紙で図形を構成する

作図の前に折り紙を使って，形を作る活動を取り入れている。

6年「対称な図形」では，折り紙を使って線対称は形を作る。これは折り紙を半分に折って切って広げればできあがる。適当に切っても線対称な形ができ，その形の美しさ・おもしろさを体験できる。

これに対して点対称な形は難しい。点対称な形が半

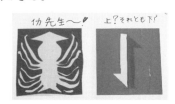

分に分けると合同な形になっていることが理解できていれば，線対称な形の半分を切って裏返しにして貼り付ければできあがる。

5年「合同な図形」では，折り紙を5枚ぐらい重ねて切る。これだけで合同な形ができる。これを並べると，合同な形で楽しい絵ができあがる。

3年「三角形」では折り紙で正三角形をつくる活動が教科書にも出ている。最初に子どもに任せると，正三角形ではなく，二等辺三角形ができる。こんな失敗だが，そこから二等辺三角形のつくり方がわかり，定義を振り返ることができる。

2年「三角形と四角形」では折り紙を半分に折ると長方形，さらにまた折ると正方形と繰り返す面白さを味わえる。折り方によっては長方形からさらに細い長方形になる。折り紙を半分に折って直角三角形もできる。こちらは何度折っても直角三角形になる。ところが直角三角形から45度の角のところを折りあげると，正方形を作ることもできる。作図に比べたら折り紙は簡単に図形を作ることができるよさがある。できた図形が本当にその図形と言えるのかを振り返る中で図形を見る観点を確かめていくことができる。

折り紙で作った図形を今度はノートにかいてみようとワンクッションあるだけで，子どもは作図に意欲的に取り組める。

4年「いろいろな四角形」でも折り紙で平行四辺形，台形，ひし形を作る活動を入れる。平行な辺を残していけば，どのように折って

も台形になるとか，平行な辺を2組つくれば平行四辺形になるとかの考えが作図をするときの視点になっていく。

5年「正多角形と円」では，直角二等辺三角形に3回折って，はさみで切ると正八角形ができる。しかし，切る方向が違うとうまく正八角形ができない。失敗した折り紙を元に，どうして正八角形にならなかったのかを考えることで，正八角形の頂点から中心の点までの長さがすべて等しくならなければならないことに気付いていける。

どの授業でも，失敗した時が振り返って考え直すときなのである。うまくできなかった子の折り方を元に，クラスのみんなで改善点を考えていくことができる素敵な時間になっていく。

③ 作図の失敗は成功の元

失敗やうまくいかないことを経験することは，うまくいく方法が理解できたときに作図する喜びが大きくなる。

3年「円」では折り紙に「まん丸をかこう」という課題で導入することがある。フリーハンドでかいてもうまくかけない子どもは，水筒を使ってなぞってまん丸をかいていった。フリーハンドと違って水筒を使ってきれいな丸がかけた経験は円に対する意識を高める。水筒を使わなくても工作用紙と画鋲を使ってかけることがわかると，何度も何度も円をかいていく。その後，ひもを使ってもかけるこ

と，ひもを長くすれば校庭で大きな円もかけることを体験すると，円をかきたいという意欲はさらに高まっていく。

このタイミングでコンパスを導入する。工作用紙でかくのも難しいところはあったが，コンパスも難しい。それでも，たくさんの円をかいてきた子どもはコンパスの使い方をマスターしたいとコンパスで円をかくことに挑戦していく。この瞬間が子どもたちに技術的なことを教えるチャンスである。針が動かないようにするためには，下敷を外すとよい。コンパスを進む方向に傾けると回しやすくなる。円のかき始めは時計でいう4時ごろから始め一気回すときれいにかくことができる。

2年で直線を引くときにも，技術的なことを教えていく。直線を引くときにかきたい点からずれてしまう子がいる。引きたい直線からちょっとずらして定規を当てるが，どのくらいずらしたらいいのかがわかない子がいる。そんな子には引きたいところに点を打って，鉛筆の先を置く。そして，その鉛筆に定規を当てていくとよい。直線を引くときに定規が動いてしまう子には「定規をしっかり押さえなさい」ではなく，「定規と紙を一緒に押さえるんだよ」と教える。三角定規に穴があいているのは，紙と定規を一緒に押さえられるようにするためのものであることを教える。

これらのことは子どもが困っているときに教えると子どもは吸収していく。作図がうまくいかないときが作図がうまくなっていくチャンスなのである。

とりあえずやってみること が**苦手**な子への指導

「簡単」を見出す試行錯誤の活動を仕組む

大野　桂

◆「簡単」を見出す試行錯誤をさせる

計算指導の集大成である6年「分数÷分数」の学習。式を提示し，「計算の仕方を考えましょう」と課題を与えられた子どもが，既習を想起しながら，豊かな発想で計算の仕方を考えるのが理想である。

だが現実は，何をしてよいかわからずに，解決の一歩目を踏み出せずに立ち止まったままの子どもは多い。その立ち止まったままの子どもたちを解決に踏み出させるために，教師ができることはなんであろう。本稿では，その方法として，「簡単」を見出す試行錯誤の活動を提案する。

◆「簡単」を見出す試行錯誤

> $$\frac{4}{5} \div \frac{2}{\Box}$$
> と言う式があります。□がどんな数だったら計算が簡単ですか。□に，1から順番に数値をあてはめていき，どの場合が簡単か試してみましょう。

という「簡単」を見出す課題を提示し，取り組ませてみてはどうだろう。

・「÷整数は簡単」を引き出す

まずは，□に1をあてはめてみる。

$$\frac{4}{5} \div \frac{2}{\boxed{1}} = \frac{4}{5} \div 2$$

理由を問えば，あたりまえに「÷2は，÷整数だから簡単」と述べるだろう。この感覚が重要で，÷分数の時に，「÷整数は簡単だから，わる数の分数を整数にできないかなぁ」という発想を生みだすことにつながる。

・「÷1は簡単」を引き出す

次は，□に2をあてはめてみる。

$$\frac{4}{5} \div \frac{2}{\boxed{2}} = \frac{4}{5} \div 1$$

この場面では，「÷1は答えが割られる数そのままだから簡単」と述べるだろう。そしてこの感覚が，÷分数の場面で「÷1は簡単だから，わる数を1にできないかなぁ」という発想を生みだすことにつながる。

・「÷分数はいやだな」を感じさせる

さて，次は□に3を当てはめてみる。

$$\frac{4}{5} \div \frac{2}{\boxed{3}}$$

この式を見れば，「÷分数は困る」という感覚を受けるだろう。この「困る」という感覚が重要で，この感覚が「これまでのことを使うことで簡単にできないか」という考えを引き出すのである。しかし焦る必要はない。この場面では，困る感覚を残したまま先に進む。

・「なんか簡単そう」を引き出す

次は，□に4をあてはめてみる。

$$\frac{4}{5} \div \frac{2}{\boxed{4}} = \frac{4}{5} \div \frac{1}{2}$$

「÷$\frac{1}{2}$はなんとなく簡単そう」と思うかもしれない。なぜなら，「$\frac{1}{2}$は2倍すると1に

なる」という感覚があるからである。

　まだ焦る必要はない。この場面では、「なんとなく簡単そうという感覚」で先に進む。

・「いくつ分（ひける）」「5をかければ4÷2になる」を引き出す

　次に、□が5の場合である。

$$\frac{4}{5} \div \frac{2}{\boxed{5}}$$

　これを簡単と感じる子どもは少なくない。なぜなら、「$\frac{4}{5}$は$\frac{2}{5}$が2つ分」と包含除を感じたり、「わられる数・わる数に5をかけたら4÷2になる」というわり算きまりが使えることを感じたりするからである。

　この場面では、上記の理由をしっかりと聞き、「いずれにしても分母が同じときは分子同士をわればいい」と見出させるようにしたい。

$$\frac{4}{5} \div \frac{2}{5} = 4 \div 2$$

　ここまで述べたように、「簡単」であることに算数の本質があり、その本質を掴むことが、一般化と繋がるのである。

◆ 「簡単」にできないかを考える

　さて、いよいよ$\div\frac{1}{2}$、$\div\frac{2}{3}$に取り組む。

　ここで、「$\div\frac{1}{2}$や$\div\frac{2}{3}$も、簡単と感じた計算にすることはできないか？」と問う。この問いにより、以下のような方法が、つぎつぎと引き出されていく。

・$\div\frac{1}{2}$に2をかけたら÷1になる

$$\frac{4}{5} \div \frac{1}{2} = \frac{4}{5} \times 2 \div \frac{1}{2} \times 2$$
$$= \frac{4}{5} \times 2 (\div 1)$$

　もちろん、「$\frac{1}{2}$を2倍したから、商を変えないために、$\frac{4}{5}$も2倍する」は、丁寧に確認するようにする。

・$\div\frac{2}{3}$に3をかければ÷2（整数）になる

　「$\frac{2}{3}$の3がなければ、2だから整数でいいのにね」と問いかける。あたり前のように「3をかければ」と返ってくるだろう。

$$\frac{4}{5} \div \frac{2}{3} = \frac{4}{5} \times 3 \div \frac{2}{3} \times 3$$
$$= \frac{4}{5} \times 3 \div 2$$

・$\times\frac{3}{2}$にすれば÷1になる

　「$\div\frac{2}{3}$は÷1にできないかな？」と問いかける。そうすれば、分数のかけ「$\times\frac{3}{2}$すれば（逆数をかければ）÷1になる」と見出す子どもは少なくないだろう。

$$\frac{4}{5} \div \frac{2}{3} = \frac{4}{5} \times \frac{3}{2} \div \frac{2}{3} \times \frac{3}{2}$$
$$= \frac{4}{5} \times \frac{3}{2} (\div 1)$$

　「ひっくりかえしてかける」と方法を教えるのではなく、「÷1にしたい」という思いを明確に持たせ、その思いを実現するように取り組ませることが、確かな意味理解につながるのである。

・通分すればいい

　包含除を用いた方法はどうだろう。「分母がちがうから、分子同士をわる方法は使えないね？」と問うてみる。当然、「通分すればいい」と返ってくるだろう。

・$\frac{4}{5} \div \frac{1}{2} = \frac{8}{10} \div \frac{5}{10} = 8 \div 5$

・$\frac{4}{5} \div \frac{2}{3} = \frac{12}{15} \div \frac{10}{15} = 12 \div 10$

　このように、簡単を考える試行錯誤によって、簡単ではないものも簡単になるように動き出すのである。

低学年のうちから

森本隆史

◆やる気になれる問題を与えたい

　計算が苦手な子どもはどうして苦手になってしまうのだろうか。もともと苦手だということもあるだろう。自分が計算をしたときに，答えがまちがっているとバツをつけられる。友だちよりも時間がかかる。おもしろくない。だから，やる気が出ない。そんな気持ちになるのかもしれない。

　そんな子どもたちに，「教科書の問題が4問あるからやってみましょう」と言って，教科書にある問題をさせるだけでは，なかなかやる気は出てこないはずである。教科書の問題をみんなと一緒にやり始めても，いつも自分は問題ができるのがいちばん最後。まちがいもある。あまりいい気持ちにはなれない。

　わたしたちはよく，問題数の決まった問題を子どもたちに出している。テストをするときは仕方がないのだが，計算の習熟をする授業の場合は，工夫することができるはずである。得意な子どもも苦手な子どもも，自分のペースで問題を解いていくことはできないの

だろうかとよく考える。

　わたしは今年度から2年生の算数の授業もしている。4月から授業をしていて，くり上がりのたし算（7＋8など）やくり下がりのひき算（12－6など）が，すぐにできない子どもがいた。「この子はきっと算数が苦手だな」と気になっている。

　2年生では，38＋25などのくり上がりのたし算の筆算や，45－27などのくり下がりのひき算の筆算も出てくる。くり上がりやくり下がりについて，筆算の中に出てくる数を具体物を使って，ていねいに扱っていった。理解できているかどうかは，その子の顔とノートを見ればよくわかったので，全体を見ながらも何度もその子どもの様子を見るようにした。その子どものがんばりもあり，ゆっくりではあるが，くり上がりのたし算とくり下がりのひき算ができるようになり始めた。ただ，まちがえることもある。

　授業数は限られている。他の子どものことも考えると，そろそろ習熟の時間もとるべきだと思った。どんな問題を出せば，いろいろな子どもが自分のペースで問題を解いていくことができるのか考えた。そして，子どもたちに次のように言った。

> 108から12をひき続けてみよう。
> 自分がひけるところまでがんばってみよう。
> 筆算でするんだよ。
> 「もうひけない」というところまでひいたら，先生のところに持ってきてね。周りのお友だちには見せないでね。

　このように言って，筆算をどのように書い

ていくのかは全体で共有した。108から12を
ひき続けていくとどうなるか。最後は0にな
るのである。108＝120−12＝12×10−12×1
＝12×9なので，108から12を9回ひくと0に
なるというしくみである。子どもがノートを
持ってきたときも最後が0になっていれば正
解しているはずなので，教師が○をつける時
間もかなり短縮できる。

　右を見ていただければわかる
と思うのだが，この問題をして
いると，くり下がりは2回しか
出てこない。問題が進めば進む
ほど，ひかれる数が小さくなっ
ていき，簡単になっていく。ま
た，この場合は，一の位に着目
すると，8−2，6−2，4−2，2
−2など，苦手な子どもでも簡
単に計算できる。

　最後は0になるのですっきり
する。子どもたちに「もしも0
になったらラッキーだね」と声
をかけておくと，0になったと
き，喜んで持ってくる子どもも
いる。

　わたしが苦手だと思っていた子どもも，が
んばって右の問題をして，「0になった！」
と笑顔でノートを持ってきた。そして，「他
の問題も出して」と言ったのである。わたし
はそれがうれしかった。教科書に載っている
問題だけを与えた場合，きっとそのような顔
を見ることができなかったのではないかと思
う。他の多くの子どもたちも同じように言っ
てきた。最後が0になって，すっきりするよ

	1 0 8
−	1 2
	9 6
−	1 2
	8 4
−	1 2
	7 2
−	1 2
	6 0
−	1 2
	4 8
−	1 2
	3 6
−	1 2
	2 4
−	1 2
	1 2
−	1 2
	0

うだった。そこで，「次は117から13をひき続
けてみよう」と，子どもたちに言った。

　この問題も，くり下がりが多
いわけではない。ひく数が先ほ
どとちがって13になったので，
くり下がりがあるときも，91−
13など，ひく数が12のときとは
変わってくるのでよい練習にな
る。

　問題数だけを数えると，先ほ
どの問題とあわせて18問のひき
算をしたことになる。

　わたしが苦手だと思っていた
子どもが，ニコニコしながら
「できたよ」と言って，ノート
を持ってきた。

　先ほどと同じように答えは0

	1 1 7
−	1 3
	1 0 4
−	1 3
	9 1
−	1 3
	7 8
−	1 3
	6 5
−	1 3
	5 2
−	1 3
	3 9
−	1 3
	2 6
−	1 3
	1 3
−	1 3
	0

になっていた。途中の計算も確認したが，ミ
スをすることなく，正解していた。そして，
また「もう1問出して」と言うのである。

　そこで，「よし，じゃあ次は140から14をひ
き続けてごらん」と，この問題のしくみが見
えやすい問題を出した。2年生の子どもが問
題のしくみに気づくことを期待しているわけ
ではない。子どもが自分で問題を作りたいと
言ったときに，150−15，160−16のようにし
たら自分でも問題を作ることができるよと伝
えるためである。

　この子どもの様子を見ながら，計算が苦手
な子どもたちにこそ，低学年のうちから，子
どもたちが少しでもやる気をもてるような問
題を，教師が出してあげないといけないので
はないかと思ったのである。

ノート表現 が**苦手**な子への指導

個に応じた自立支援を

青山尚司

1 自立へのツールとして

授業設計の際に，右図
のようなことをよく考え
る。黒い部分は教師の支
えであり，白い部分は子ども主体の活動であ
る。左端は完全な教師主導，右端は完全に自
立して学んでいる状態を表している。我々教
師は日々，個や集団に応じてこの図を縦に切
り，白黒の割合がどのくらいかを判断しなが
ら指導をしているといえる。ノート指導でい
えば，大切なポイントを教師が黒板にまとめ，
それをノートに写させるのは左側であり，子
ども自身が学びを整理しながらノートに残し
ていくのが右側である。子どもたちはいずれ
自立しなければならない。だからこそ，算数
が苦手な子も，数学的な見方・考え方を豊か
に働かせながら，思考力や表現力を高めて欲
しい。そんな願いをもっているのであれば，
ノートも自立を促すツールとして活用してい
くべきである。

教師からの
提示・指示
児童自身の
探究活動

2 スタートラインに立てるように

まずは，しっかりと自分の考えを表現でき
る子に育てたい。しかし，いざ自分の考えを
記述すべき場面になってからノートを開き，
そこでやっと問題を写し始める子がいないだ
ろうか。問題をコピーして配布すれば良いと
考える方もいるかもしれない。しかし，子ど
もたちと問題を書きながら場面の想起を促す
ことは，見方・考え方を働かせることにつな
がる大切な時間である。導入場面は，じっく
り共有しながら一緒にノートを作り上げ，全
員が自力解決のスタートラインに立てるよう
にしておかなければならないのである。

3 できることを見いだし，補っていく

自力解決の場面に入って，手が止まってい
る子がいた場合，「何に困っているの？」と
声をかけてみる。「答えは分かったけど何を
かけばいいかわからない」という場合，「じ
ゃあ，まずわかった答えを書いてみよう」と
伝える。答えが書けたら，「これってどうや
って出てきたの？」と問う。その子が式を答
えたら，「言えたね。それも書いておこうか」
と促す。考えを記述するのが苦手な子には，
スモールステップで言語化を促していくので
ある。

もちろん答えを見いだすことができずに止
まっている場合もある。そんなときは，「お
絵かきしてみようか」，「とりあえず図にして
みようか」と，問題場面を整理することを促
す。そして，その絵や図から見つけたことを
かいていけば良いことを伝えるのである。こ
の繰り返しが，分かったことやできることを

かき，それらが導き出された過程を補足していけば良いことを身に付けていくのである。最初に何を見いだすか，それが何によるものなのかは子どもによって異なる。それらを認め，解決過程の整理を促すことが自立した学習者を育てることにつながるのである。

4 協働的な学びをノートに残す

「自分はこう考えた」と言えるノートができあがると，子どもたちは次のスタートラインに立つ。いよいよそれぞれの解決過程を出し合い，吟味していくのである。

この場面では，友達の考えに触れて納得したことや反論をもとに，発展的・統合的に考えたことをノートに残せると良いのだが，算数が苦手な子たちには少しハードルが高い。とりあえず，自分の解決方法と比べて似ているところや違うところを見いだし，記述しておくことを促すと良い。自分の方法や考えが仲間と似ていることに気づくと自信につながり，自分と異なる方法に触れることは，次時以降それらを自分のものとして働かせる態度につながっていく。仲間の見方・考え方をノートに残すことで，それらを自身の持続可能な力としていくことが大切なのである。

5 集めたノートへのコメント

子どもが自分の言葉で書いたまとめや学習感想に目を通すのはもちろんであるが，その子の解決過程や，思考の変容を丁寧にみとり，それらがたとえ不十分であっても，見方や考え方のよさを肯定的なコメントで伝えてあげるとよい。また，表現力を高めていくことも視野に入れ，自力解決時と同様に何を補足す

ればより良い説明となるのかを伝えていくことも忘れないようにしたい。自立への小さな芽を見つけ，開花するまで毎時間，励まして育んでいくことが大切である。

6 これからのノート指導

今後，タブレット端末を用いて学習の記録を残していくようになると，紙のノートは使われなくなっていくかもしれない。また，板書も電子黒板を利用した新しいスタイルに変わっていくかもしれない。教師が提示した情報をすぐに全員が共有できるようになった時，ただ写すことしかしてこなかった子どもたちに何ができるのであろうか。

繰り返すが，大切なのは子どもたちを自立した学び手に育てていくことである。授業ツールが変わりつつある今だからこそ，与えられた情報を写すことよりも，自分の思考過程や仲間との協働過程を残しておくことに本当の価値があることを強調したい。

図を書く過程と結果から
数量関係をつかませる

田中英海

1 数量関係をどう捉えるか

　授業中発言しているけれども，一人ではなかなか問題を解決できないという子がいる。授業は協働的な営みであるから，不確かな部分があっても，友だちの考えや表現をもとに，思考が補われて理解が進んでいく。分かったつもりになってしまう。また，単元ごとのワークテストを行うことで，かけ算の単元だからかけ算と決めて，数量関係を捉えずに演算している子もいるのではないだろうか。

　小学校で扱う数量関係は，加減乗除である。2年で加法と減法との相互関係，3年で乗法と除法との相互関係の理解を深めることができれば，問題文から数量関係が捉えやすくなる。加法と減法の文章題については本誌p.21で触れた。ここでは乗法と除法の問題場面を扱う。協働的な学びの中で，文章題が苦手な子にどのように数量関係を捉えさせていくのかを考えたい。

2 乗法と除法を双方使える問題解決

　4年生の学習で次のような問題を提示した。

> 　A小学校は，開校100周年の記念に**予算150000円**用意しています。全校児童436人に記念品を1人315円の品物を考えました。全部でいくらかかりますか。

　元の教科書の問題は総額を求めるかけ算の問題であったが，太字の部分を入れてわり算の考えも出るようにした。

①不安さから方略の共有

　ちょうど本校も150周年記念だったため，予算という言葉を補足して説明し，自力解決に入った。条件過多のため，立式ができても不安そうな子がいた。自力解決を一度止めて，不安さを表現させた。すると「なんかこの式であっているのか心配」と話をした。そこで，こんな気持ちの時どうすればいいかな？と問うた。すると「理由を考える」「図をかく」「数字の単位を見る」「答えを確かめてみる」「かけ算ならわり算，わり算ならかけ算」と方略が出た。上手くいかない時に，方略をどう振り返るかは，文章題が苦手な子だけでなく全員にとって必要な経験である。

②素朴な絵を図へと高めて，関連づける

　式の理由を図に表す時間をとった。まず，素朴な絵をかいている子を指名した。人が順番に436人並んでいることを表していた。式を書こうとした際に一端止めて，近くの子と図を解釈させた。

ホワイトボードや端末に書き終わった図ではなく，数量関係を捉える図の過程を話し合わせたい。ここでいうと，315×1と315×436という関係に気付かせるのである。

この後，図を書いた子が「右の最後の人が436人目」「一人分315円で315×1，最後の315円×436」と説明した。さらに，「かけ算は，一人分の数×幾つ分＝全体」という式の意味も子どもから出てきた。出なければ教師が問い返してかけ算の意味を立ち返らせたい。

そして，この絵をテープ図や数直線にできた子はいるかな？とテープ図の表現を取り上げた。その子は先の絵のように，間を「……」で表したテープ図を発表した。

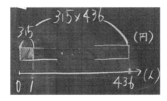

絵と図が同じに見えるかを確認して，絵に数直線などを書き込んでいった。完成された絵と図を比較し，数量関係をつかませていった。

乗除で大切なのは，（1つ分の数）×（幾つ分）＝（全体の数）の関係をつかんだり，内在している比例関係（人数が2倍，3倍と増えると，伴って値段も2倍，3倍と変わっていく）をイメージしたりすることである。教科書の完成された図は，数量関係が理解できた

子の図ともいえる。加法や乗法の意味を根拠にして，図を書く過程と結果の両方の視点で，数量の関係を解釈することが，図を使って一人で問題解決するために大切である。

③乗法と除法の解釈を比較する

図をもとに式を確認した。315（円）×436（人分）＝137340（円）という式の後，「答えとは関係ないけれど…」と150000（予算）－137340（必要なお金）＝12660（あまったお金）と出された。そして，こんな式を書いている子もいたよと「150000÷315＝476あまり60」の式を取り上げた。この子は，始めは数量の関係をつかめていない可能性があった。わり算の答えが何を表しているのか机間巡視の際はノートに書けていなかった。その子を意図的に指名して，476は何を表しているの？　60は？と発話を促した。乗法の議論を通して，除法の意味や数量をつかむことができていた。他の子もわり算の式に納得していた。「でも，こっちの図とは関係なかったね」というと「書き加えられる！」と意見が出た。

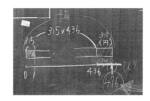

乗法の関係を表していたテープ図の右を伸ばし，315×436（必要なお金）＋12660（あまったお金）＝（予算）になること，150000（予算）÷315（一人分）で，476人分の記念品が買えて60円があまることが説明された。このように乗除を1つの図で表したり読みとったりして，数量関係をつかませていく。

つまずきから指導のポイントを探り，指導のポイントが押さえられた授業づくりをめざす

北海道札幌市立資生館小学校　中村光晴

1　つまずきから指導のポイントを探る

　1年「繰り下がりのあるひき算」における子どものつまずきは，次のように想定できる。

▲以前に学習したことを自分で引き出せず，13のような2位数を「10と3」のように構造的に見られない。

▲数をかたまりで捉えることが苦手である。指や数ブロックを使って計算をする際，1，2，3……と数えて引く姿が見られる。

▲13－9のような2位数－1位数の計算手順を次の3行程で捉えることができない。

（1）13は，10と3に分ける。

（2）10から9をひいて1。

（3）1と3をたして，答えは4。

▲数ブロックやおはじきなど半具体物の操作，計算の過程が見える式の変形，言葉による説明の関連付けができない。

　これらのつまずきを教師が意識することによって，指導のポイントが押さえられた授業づくりを可能にできる。

2　指導のポイントが押さえられた授業

　本単元の導入では，求残の文章問題を提示し，12－9のように減数が大きい式の計算を扱う。2・3年生の繰り下がりのある筆算で用いる減加法のわかりやすさを捉えられるよ

うにするのである。12を10と2に分け，「10のまとまりと2のどちらから9を取る？」という問いをもって考えることで，数を構造的に見られるようにするところが指導のポイントである。

　子どもから，「まず，2の方から2を取って，次に10のまとまりから7を取る」という考え（減減法）と「まず，10のまとまりから9を取って，残りの数同士をたす」という考え（減加法）が出される。

　それぞれの考えは，数ブロックの操作と言語化を基に理解を図る。その上で，教師は，「どちらの考え方がわかりやすい？」と問う。子どもの多くは，「減加法の考え方の方がわかりすい」という反応をする。ここで，「まず，10のまとまりからひいて，残り同士をたす考え方をできるようになろう」と投げかける。

　第2・3時で，減加法の数ブロックの操作，図表現，式表現，言葉による表現をできるようにする。本単元で，特に重要な授業となる。

　「13－9のお話をできるかな？」という課題を板書する。そして，数ブロックの操作をしたり，ペアの友達に説明したりするなどの数学的活動を組む。その

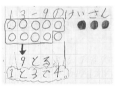

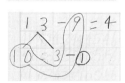

際，「Aさんの数ブロックの動かし方を自分でもやってみよう」「今，Bさんがお話したことを隣の友達にお話してみよう」といった指示を出し，追体験をする活動も盛り込む。低学年の子どもは，自分でやってみたり話してみたりすることで，理解を深められるからだ。

「10のよさ」を学級文化にする

大野　桂

■「10をつくる」を徹底的に意識させる

　繰り上がりのあるたし算が苦手な子どもは，「10をつくるよさ」を意識できていないことが大きな要因である。つまり，１年の数と計算では，「10をつくるよさ」を，子どもが意識的に見出せるように意識して指導に当たる必要がある。

　「３口の計算」で，「10をつくることのよさ」を徹底的に意識させる指導に取り組んだ。子どもたちは，「数値を決めて10をつくる」「数をわけて10をつくる」ことで計算が簡単になることを見出し，その流れで，繰り上がりのあるたし算の計算の仕方を見出していった。その授業の実際を板書で示しながら，簡単に説明する。

・簡単になるように数値をきめる

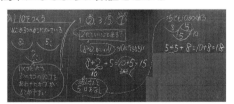

　３つのかごにのっているリンゴの和を求める課題である。１つのかごのリンゴの数は示さず「いくつだったら，３つのかごのリンゴを合わせた数が求めやすい？」と問うた。子どもたちは，試行錯誤しながら数値をあてはめて求めていく中で，「２と５がいい」と見出

していった。その理由は板書に示した通りで，「10ができれば，10＋5，10＋8になって簡単」と10をつくるよさを見出した。

・数を分けたらラッキー

　子どもたちは，「たして10ができる式はラッキー」という算数の学級文化を見出した。それが板書左から中盤である。

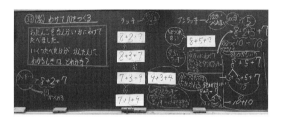

　そして，8＋5＋7の式が提示されたとき，「アンラッキーだ」という声が漏れたが，「４回に分けてお団子を食べれば，ラッキー，しかもダブルラッキーだ」と声を上げ，板書右側のように，5を2と3に分け，分けることで10がつくれるよさを見出していった。

・数値をきめる・分ける

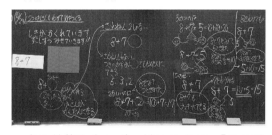

　式の数値を少しずつ見せる中で，「この数ならラッキー！」と10がつくれる数値を見出していった。これが板書中盤までである。

　しかし，式は，これまでの３口のたし算ではなく「8＋7」。ところが「10をつくる」は，もう学級文化になっている。板書右のように，意識的に10がつくれるように数を分け，３口のたし算に変形し，計算を進めていた。

操作を通した活動と
楽しい習熟でかけ算をマスター

お茶の水女子大学附属小学校　岡田紘子

1 乗法の意味が捉えられない子への指導

　乗法の学習の指導では，場面の意味を捉えて，乗法の意味について理解し，計算の仕方を考えたり乗法に関して成り立つ性質を見出したりする力を養うことが求められる。子ども一人一人が，「1つ分の数」「いくつ分」をしっかりとらえ，「1つ分の数」と「いくつ分」の関係の場合に乗法が用いられることを知り，乗法の意味を理解していくことが重要である。

　乗法の式の意味を捉えることは子どもたちにとって簡単ではない。先行知識がある子どもの中にも，答えを出すことはできるが，乗法の式が何を表し，どんな意味をもっているのか説明できない子もいる。

　そこで，乗法の場面の式を，ブロックを使って表す活動を通して，かけ算の式の意味をイメージし，かけ算の意味の理解を確実にしていく。例えば，乗法の式を提示し，その式をブロックで表す活動を行う。繰り返しおこなっていく中で，乗法の式の意味をイメージできるようになっていく。

【3×5になるようにブロックを並べよう】

2 九九の習熟が苦手な子への指導

　単元を通して，九九を覚えることも必要なことである。繰り返し唱えて覚えることが苦手な子どもも，ゲームを通した習熟を行うことで，楽しみながら取り組むことができる。

　例えば，「九九しりとり」は，協働的な学びの場だけではなく，家庭学習など，1人でも習熟を図ることができる。自分のペースで学ぶ個別最適な学びにも有効である。

　「九九しりとり」のルールは，

7×3＝21→1×3＝3→3×9＝27→

7×8＝56→6×5＝30

のように，答えの一の位を，次に続くかけ算の式の被乗数にし，九九を繋げていく。最後に被乗数0になったら，終了となる。同じ式は2回使えないこととし，いくつの式をつなげることができるか考える。

　授業では，最初に「8×6から始めよう」などと，教師がスタートの式を提示する。しばらく取り組んだ後，「スタートの式は何がいいですか？」と聞いてみると，「3の段から始めたい」「9×7とか。3×3」など，子どもたちから返ってくる。2年生なりに，「1，3，7，9の段の答えの一の位は……」「5の段は使わないほうがいい。だって，一の位が0と5しかないから」など，九九の答えのきまりを習熟しながら気づくきっかけとなる。苦手な子は，九九表や教科書などを見ながら，九九を繋げていっても良い。繰り返し取り組むことが苦手な子どもに対しても，「もっと繋げるためにはどうしたらいいかな？」と問いかけることで，主体的な取り組みを促せるだろう。

2年「図に表して考えよう」が苦手な子への指導

たし算？ ひき算？ と立式に迷う子

田中英海

1 どのように立式しているのか？

加法と減法との相互関係の理解は，立式する力に関わっている。立式する際，数量関係を捉えている子と，問題文のキーワードだけに着目している子がいる。逆思考の問題を扱うまでは，「ぜんぶで」「のこりは」というキーワードだけでも立式できてしまう。苦手さの視点として，【部分＋部分＝全体】という数量関係をつかめているのか見取りたい。

2 部分＋部分＝全体である関係

①ひでみさんは，おはじきを何こかもっていました。妹に6こあげました。のこりを数えたら18こになっていました。はじめに何こもっていましたか。

「あげました」「のこり」というキーワードだけで立式すると，18−6＝12という誤答になってしまう。一方，次のような問題では，110−83＝27という式で解決できた気になってしまう。

②ひでおさんは，シールを110まいもっていました。友だちに何まいかあげたので，のこりは83まいになりました。友だちにあげたのは何まいですか。

式だけでは数量関係を捉えて立式しているのかの判断がつかない場合もある。

教科書では，図を順番にかき表していき，順に式を立てていくようになっている。苦手な子には，テープ図を書く過程と式の関連を参考にさせたい。

一方で，テープ図の結果から【部分＋部分＝全体】を読み解くことも大切である。①は，問題文の通りに図や式に表すと，□−6＝18となる。

教科書によっては，"答えをもとめる式"を書きましょうと記載されていて，その式は6＋18＝24となる。答えを求める式とお話通りの式と区別する必要はあるのだろうか。6＋18＝24について，「あげた6こと残りの18こを合わせると始めの24こになった」と問題文「はじめに□こもっていて，6こあげると残りは18こになりました」を読み替えさせたい。そして，どちらもこの場面の関係を表している式として認めるのである。

②も同様に，110−□＝83に対して，□＋83＝110の式や110−83＝□の式から問題文を読み替える。1つの図に対して，複数の式と場面の読み方を通して，【部分＋部分＝全体】【全体−部分＝部分】という数量関係を捉えることが立式の苦手さを克服する鍵となる。

3 かけ算の分配法則でも

①でアレイ図を書いたAさんは，全体と部分を囲んでいる。素朴な図でも，部分と全体を意識できているかを読み取りたい。

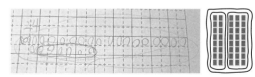

かけ算九九をつくる中で分配法則の見方を扱うことがある。8×2と8×3を合わせて8×5になることや，8×5を8×2と8×3に分ける考えを，ブロックやアレイ図などで説明する活動も，【部分＋部分＝全体】の関係を捉えさせることにつながっている。

わり算の苦手な子への指導
～何が苦手なのかを見取る～

一関市立山目小学校　横沢　大

1 等分除と包含除の分け方の違い

　わり算を苦手とする子どもは少なくない。1つ分を求める等分除と，いくつ分を求める包含除では，分けるという操作の過程の違いが苦手につながることがある。

6このあめを，2人で同じ数ずつ分けると，1人分は何こになりますか。	6このあめを，1人に2こずつ分けると，何人に分けられますか。

　この2つの問題を提示し，「同じところや違うところはどこだろう。」と投げかけた。子ども達は「使っている数は同じだし，6÷2＝3で求められるけど，分け方が違う。」と話し始めた。

　分けた後の図を見ると，等分除の図は3×2＝6，包含除の図は2×3＝6になる。ここで，わり算で求めようとしたのが，かけ算のどの部分にあたるのかを問う。図をもとにしながら，「1人分は3こになるね。」「3人に分けられるね」と確かめていく。等分除と包含除の操作活動を十分に保障し，それらの操作の違いや求める部分について，どの子どもにも理解できるようにしていく。

2 かけ算との関係を意識させる

　わり算の計算処理はかけ算によってなされるが，かけ算との関係を意図的に見せていくことが大切である。69÷3の計算の仕方を考えた際に，69を60と9に分けて位ごとに計算する考えが出された。ここで，前単元のかけ算の筆算で学習した23×3の図と同じであることを指摘した子がいた。この考えを取り上げ，「この図の中にどんな計算が見えるかな」と広げてみた。

十のまとまりは，6÷3＝2で，2×3＝6が見える。 ばらは，9÷3＝3で，3×3＝9が見える。

　このように，等分除のわり算とかけ算を関連づけながら，既習のかけ算九九を用いて解決できることを丁寧に扱っていく。

3 九九に対する苦手意識を軽減する

　かけ算九九が定着していないために，わり算が苦手と感じている子もいる。12÷3の答えを求めるために，3×□＝12の□に当てはまる数を思い出せず困っていることが多いのだ。困った時は，九九表を見てもいいこととし，頻度を段階的に減らしていくようにしている。子どもの苦手な部分を見取ることで，安心してわり算やかけ算の学習を進めていくことができるようにしたい。

作図の前に折り紙や円を使って正三角形をつくる活動を位置づける

中田寿幸

本誌の巻頭言で触れたが，私は三角形をかくのにコンパスを使う意味が理解できない子どもだった。そんな作図が苦手という子どもにならないように，コンパスを使う意味を子どもたちに体験的に理解させていくことが必要だと考えている。

☐1 折り紙で正三角形を折る活動

二等辺三角形と正三角形を定義した次の時間，単元の2時間目に折り紙で正三角形を作る活動を行う。折り紙で正三角形を作ろうとしてもなかなかできるものではない。初めは二等辺三角形ができてしまう。

折り紙3枚で正三角形の形をつくることはできるが，

頂点を合わせることが難しい。このとき折り紙を少しずつ動かして真ん中で頂点を合わせようとする動きは，作図のときのコンパスの動きと同じになる。折り紙を半分に折って中心を作っておくと頂点が合わせやすくなることも体験的に学ぶことができる。このあと，折り紙を2枚，1枚と減らしながら，辺の長さを写し取るために，折り紙を折って重ねていくことに気付かせていくことができる。

☐2 円を使って正三角形をかく活動

導入から3時間目には円周上の12個の点を結んで「二等辺三角形をかく」活動を行った。二等辺三角形がたくさんかけ，重ねてかくときれいな模様になっていく。

ところが時計でいう12時と4時と8時の点を結ぶと正三角形になってしまうことに気付く子がいる。正三角形もかくことができたので，「正三角形をかく」活動をする。

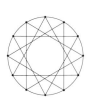

同じ形の二等辺三角形を重ねてかいてもきれいな模様ができる。

こうしてたくさんの正三角形と二等辺三角形を作り出すことを子どもは経験していくことができる。

4時間目には円の半径を使って二等辺三角形をかく活動を位置付ける。これも重ねてかくときれいな模様ができる。

正三角形を並べてかくと正六角形ができあがる。これは円を重ねてかくことで正三角形の敷き詰め活動へと発展していく。

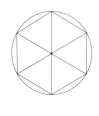

円をかけば正三角形がかけるようになった子どもたちはコンパスで等しい長さを測りとりながら正三角形をかいていくことができる。

時計で割合の見方を育てる

仙台市立八幡小学校　中村　佑

1 「割合」の難しさを乗り越える

　割合の学習で難しいのは，割合として見るということである。つまり，基準とする数量を1とみて，もう一方の数量がいくつにあたるのかという見方である。しかし，2年のかけ算や3年のわり算で，その見方の素地はできており，それらを用いることで割合として見るイメージを持たせることができればいいと考える。そこで，身近な時計を用いて割合のイメージを持たせたいと考え，次のような実践を行った。

2 「60分は何倍ですか？」

　このように黒板に書いた。すると，子どもたちがざわついた。言いたいことを聞くと，「『何の』ですか？」と尋ねる子や，「『何の』がないとダメ。（この問題は）先生の痛恨のミス」と発言する子が出てきた。そこで，「何の」（基準量）がないと答えられないことを確認し，「『何の』が何分だと簡単そう？」と尋ねた。「30分」と答えた子がいたので，最初は「60分は30分の何倍ですか？」という問題に修正した。「2倍」と答えたので，「どうして，2倍だと分かったの？」と尋ねると，「計算する」「図で表す」考えが出てきた。そこで，時計の図を提示し，「この図を使って『60分は30分の2倍』であることを表せない

か」と尋ねた。子どもたちには，タブレット端末で時計の図を配付し，その中に書き込みをするように指示した。すると，次のような図で表す子がいた。

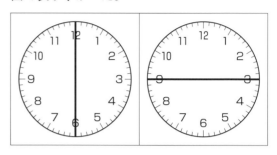

　次に，計算で求めた子に発言させる。「60÷30＝2」と答えたので，その式の意味を考えた。「60分に30分がいくつあるか」という式であり，「60分は30分の2倍」であることを確認した。

　その後，「30分以外で60分は何の何倍かを探してみよう」と話した。「15分の4倍」「20分の3倍【ベンツのマークと命名】」「1分の60倍」「5分の12倍」「10分の6倍【雪の結晶】」「60分の1倍」「5分の12倍【ホイール】」「4分の15倍」「6分の10倍」を見つけることができた。最後に，「60分は30分の2倍」は「30分を1とみたとき，60分は2にあたる」という割合の見方ができることを伝え，他の場合も表した。

　この授業の後，教科書教材を用いて単元を進めていった。「○（基準量）を1とみたとき，☆（比較量）は□（割合）にあたる」という割合の見方を生かして，割合・基準量・比較量を求める問題に取り組むことができた。

【参考文献】田中博史著（2021）．子どもの「困り方」に寄り添う算数授業，文溪堂．

図形の見方をどう育てるか

盛山隆雄

1 2つの角の見方

1つは，図①のように，1つの点から出ている2直線がつくる図形としての見方である。

(図①)

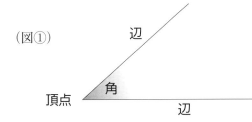

辺
頂点　角　辺

もう1つは，下図のように，1つの直線が頂点を中心にして回転してできる形として捉える見方である。角の大きさという観点からすれば，基準となる辺がどれだけ回転したかということで捉えたほうがわかりやすい。そうでないと，角の大きさを，面積として誤ってとらえてしまう子どもがいるからである。

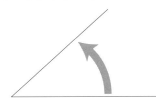

2 180°が見えない子どもへの指導

4年生では，図形としての角の見方を，回転角としての角の見方に置きかえることで，量として角を捉えるようにしていく。

ところが，角の学習が進み，単元末になっても次のような反応を示す子どもがいる。①〜③の図形を見せて，「角の大きさを測定し

よう」という問題を出した。①と②については，問題なく角の大きさを測定することができたが，③については，0°と判断する子どもがいた。なぜ0°かを尋ねると，

「角がないから」

という返事が返ってきた。図形としての角の見方をしている子どもには，この直線の中に，1つの頂点と2直線が見えてこないのだ。

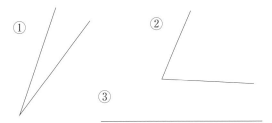

①　②
③

それに対して，③の角は180°であると言う子どももいる。その子どもたちから，

「頂点をかいた方がわかりやすいよ」

という申し出があった。かいてもらうと，次のようになった。

③

頂点が見えると，③を180°に見る子どもが増えた。角をつくる頂点と2直線が見えたこと，そして，回転角として角を捉えられたことが見えた理由であった。このとき，ある子どもが

「ここが頂点だったら，やっぱり0°だよ」

と言い始めた。2直線が重なっている状態に見れば，確かに0°である。

図形が苦手な子どもほど，図形の見方を育て，本質が見えるようにしてあげることが最も大切だと考えている。

公式化を目的にしつつ，
公式化を急がない

東京都立川市立幸小学校　**小泉　友**

1 どんな子を育てたいのか

　面積を学習していく際，次のどちらのような子供を目指すべきか？

> 公式を忘れたら面積を求めることができない。　A

> 公式を忘れても，再度公式を作り直すことができる。　B

　もちろん，Bのような子どもたちを目指すべきである。算数が苦手な子は，面積の求積公式を創り出す段階では，友達の考えを理解することができなかったり，自分で求積方法を考えることができなかったりする。そうした中で，次々と公式が登場し，それを覚えて適用し，練習を繰り返す。それではBのような子は育たない。

　では，どうすればよいのか？　一つの方法として，公式化することを急がないことを提案したい。

2 求積公式を急がず，様々な形で試行

　平行四辺形の求積の学習の場面である。ここでは，一つの平行四辺形の求積を考えた後，次の形で公式化はせず，授業で出たアイデアを使って他の様々な平行四辺形の求積ができるかどうかということを考える時間を取った。

　様々な平行四辺形の面積について，「長方形に変形する」というアイデアを適用すると

いうことを繰り返すこととなった。

　できる子は自分でどんどん平行四辺形を作図して面積を求める。苦手な子は「底辺×高さ」に当てはめるのではなく，「既習の図形に変形するには？」「元の平行四辺形に戻ると，どの辺を使っているか？」ということをいくつかの図形で考えていくこととなる。前時で，他の子が発見した見方・考え方を追体験する時間となった。そのうち「もう見ただけで分かる！」と，どこの長さに着目したらよいかがみんなに見えてきた。ここでもまだすぐに「底辺×高さ」とはせずに，辺に色を付けて「青×赤」のように，どの辺に着目したかを意識させるようにした。そうした後で，「底辺とは何か？」「高さとは何か？」ということを話し合い，公式とした。

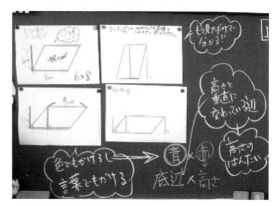

　面積はこうしたサイクルを繰り返す単元である。公式を指導するのではなく，創り出す過程で何に着目したかを子どもが意識できる単元構成と，公式化を急がないことによって，苦手な子にも見方・考え方が育つのではないだろうか。

苦手だからこそ与えない

青山尚司

1 苦手だからこそ与えない

「速さ」の導入場面は，多くの教科書で道のりと時間を表で示し，「どちらが速いですか」という発問が記されている。問いも数値も与えられとても親切なのだが，この導入の仕方で苦手な子が積極的に意味を理解しようとするのであろうか？ そんな疑問から，数値を与えずに子どもが視覚や聴覚を駆使して二量を捉え，自然と比べたくなる授業展開を考えた。

2 「遅い」，「速い」，「違う」，「同じ」

落語に「つる」という演目がある。鳥の鶴がなぜ「つる」と呼ばれるようになったのかを説明しようとしておかしなことになるという話である。簡単に言うと，雄が「つー」っと飛んできて，雌が「るー」っと飛んできた仲の良い姿から「つる」と名付けられたということである。

この話をしながら動画を示し，みんなで「つー」っと声を出しながら雄を飛ばした。そのあとに，「るー」っと声を出しながら雌を飛ばすと，みんな一斉に「遅い！」と反応した。どういうことかを問うと，「つー」よりも「るー」の方が声を出している時間が「長くて苦しい」という。

雄を「つーくん」，雌を「るーちゃん」と名付け，るーちゃんに「同じ時間飛んでね」とアドバイスをしてから，2回目のフライトを提示した。「つー」の後，「るー」と，同じ時間飛ばすと，今度は「速い！」という反応があった。「時間が同じでも飛びすぎている」というのである。ストップウォッチで計るとどちらも約4秒だが，確かにるーちゃんは遠くまで飛んでいる。こうして，距離が同じであれば時間が短い方が速く，時間が同じであれば距離が長い方が速いことを確認した。

そして，るーちゃんに「速さを同じにしてね」と告げ，3回目のフライトを提示した。するとるーちゃんは，つーくんが止まった松の木を少し超えたところに止まった。「違う！」，「同じ！」という声が入り交じって聞こえてきた。ここから時間と距離が異なっていても，速さが同じといえるのかを話し合っていった。

3 子どもの本性を刺激する

苦手な子は，「比べましょう」と言われてもそこに必要感がなければ取り組もうとしない。何も問わずとも，「速い」，「遅い」というキーワードが生まれ，いつの間にか比べてしまっている姿を引き出すことが大切なのである。今後も，子どもの本性を刺激する数学的活動を取り入れることによって，苦手な子も楽しみながら意味理解を深めていく実践を考えていきたい。

単元を通して意識したいこと

森本隆史

分数のわり算の導入の時間に，下のような問題を出してみんなで順番に考えた。

$x \div \dfrac{1}{4}$ の計算をしよう

1 子どもにとって簡単なものから扱う

はじめに「x がどんな数だったら簡単に計算できそう？」と尋ねた。x が $\dfrac{1}{4}$ や 0 の場合は簡単に答えがわかると言った後，$\dfrac{2}{4}$ や $\dfrac{3}{4}$，4 についても子どもたちから出てきたので考えていった。子どもにとって簡単な数からチャレンジしていけば，苦手な子どももはじめからついていくことができる。「どうして $\dfrac{1}{4}$ だと簡単に計算できると思ったの？」と子どもたちに聞けば，「わられる数とわる数が同じとき，答えは 1 になる」というわり算のきまりについても出てきた。

2 単元を通して「1」を意識していく

わり算のきまりとして出てきた「1」だが，分数のわり算の単元を通して，子どもたちと，計算の中に出てくる「1」を大切にしていきたい。

$$\frac{2}{5} \div \frac{3}{4} = \left(\frac{2}{5} \times \frac{4}{3} \right) \div \left(\frac{3}{4} \times \frac{4}{3} \right) = \frac{2}{5} \times \frac{4}{3} \div 1$$

分数のわり算を計算するときに，「ひっくり返してかける」などと言っているのをよく聞く。しかし，どうしてひっくり返してかけることができるのかと考えることが大切である。先に示したように考えると「1」が出て

くるので，このようなときに，時間をかけて，1 でわることのよさなどを話し合っていきたい。

3 問題を作って場面を考える

「$\dfrac{3}{4} \div \dfrac{1}{4}$ になる問題を作るとしたら，どんな問題を作ることができるかな？続きを考えてみよう」と言って，「$\dfrac{3}{4}$ L のジュースがあります。……」のところまで書いた。すると，続きとして「$\dfrac{1}{4}$ L ずつ分けると，何人に分けることができますか」という問題を子どもが作ってくれた。$\dfrac{3}{4} \div \dfrac{1}{4}$ は，包含除だと考えやすい。

子どもたちがこのような場面をイメージすることも大切である。とはいえ，分数のわり算は，だんだんとイメージすることが難しくなってしまう。

かべにペンキを塗る問題がよく出てくるが，実際に黒板に同じ大きさのものをチョークで塗るなど，子どもたちにとってのハードルを少しずつ下げていきたい。

4 図をかいて考える

$4 \div \dfrac{1}{4}$ についても考えることになった。$\dfrac{3}{4} \div \dfrac{1}{4}$ の計算をするときに，包含除で考える子どもたちが多かったので，$4 \div \dfrac{1}{4}$ についても，子どもたちは包含除で考えようとした。ある子どものノートには自分で作った問題と図があったので，クラスで共有していった。

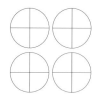
ピザが 4 まいあります。$\dfrac{1}{4}$ 枚ずつ切っていくと何枚できますか？

単元を通して，少なくとも **1**〜**4** のことは常に意識していき，苦手な子どもたちが少しでも，考えることが楽しく感じられるようにしたい。

「整理してみよう」を
子どもから引き出す

夏坂哲志

◆思いつくままに挙げてみよう

　算数に苦手意識をもっている子の中には，公式や手順などの形式を早く覚えなければならないと思っている子が少なくない。

　「場合の数」の学習においても，かけ算を使って計算で求める方法とか，樹形図や表を使う方法を覚えればよいと考える子がいるようだ。もしかしたら，指導する側にも，方法を早く教えて練習させればよいと考える教師がいるのかもしれない。

　けれども，まずは，全てを数え上げようとすること。そして，「あれ，同じペアができちゃった」とか「これで全部と言えるのかなあ」というように，落ちや重なりができて困ってしまう経験をすることが大事である。

　そのときに，「どのように整理したら，落ちや重なりが無いことが確かめられるだろうか」とか「順序よく全てを数え上げることができるだろうか」という工夫が生まれる。

　その工夫を洗練していった結果が，教科書に載っている図や表であり，図や表から計算式も見えてくる。その過程を経験していれば，わからなくなったときに，そこで書いたり動かしたりことを振り返ることで，方法につなげていくことができると考える。

　だから，まずは「思いつくままに挙げてみ

よう」から始める必要があるのである。

◆これで全部と言えるのかな？

① A〜Eの５つのサッカーチームが総当たり戦をします。全部で何試合あるのかな。

② A〜Eの５つのサッカーチームで試合をします。第一試合はどのチームとどのチームの試合にしようかな。

　上記①と②は，どちらも「５つから２つを選ぶ」組み合わせの問題である。どんな違いがあるだろうか。

　①は，「全部の試合数」を尋ねているため，初めから「Aと対戦する試合は……」のように整理して数える子が出てきそうである。

　一方，②の場合は，第一試合の組み合わせを考えた後，次に第二試合を考えることになる。もし，第一試合に「A 対 B」を組んだとすると，第二試合にも A が戦うことは，普通はしない。「じゃあ，C 対 D にしよう」「第三試合は E 対 A」「次は……」のように，同じチームが連続して試合をしないようにしていくと，そのうち「次の組み合わせ」や「まだ対戦していない組み合わせ」，「あと何試合あるのか」といったことがわからなくなってくる。そこで，「整理してみよう」ということになる。そして，「A の試合だけ集めてみよう」とか「（二次元表のように）並べ替えてみよう」のようなアイディアが出てくる。それが，だんだんと樹形図や表の形になっていく。

　②の方が「これで全部と言えるのかな？」という子どもの気持ちを引き出し，次の活動を生む。この過程を大切にしたい。

「算数が苦手な子への指導」

ホスト：筑波大学附属小学校算数部
ゲスト：ヤコブ バーン （デンマーク リュンビュ・トーベック市役所教育センター）
［司会：中田寿幸／本稿文責：青山尚司］

1 表現の場を増やし、「見方」をヒントに

中田：最近，「個別最適」という言葉に流されて，苦手な子を個別にどうにかしようという方向性が見られるのが少し怖いと感じています。そのような中で，みなさんは算数が苦手な子たちにどのような指導しているのかを聞きたいと思います。

盛山：まずは表現の場を
必ず作ることをしていま
す。1つの考え方を図で
表現したり，式で表現し
たり，言葉で表現したり

するということ。ただ，そこまでいかなくても友達の考えをもう一度言ってみるとか，友達の考えの続きを言ってみるとか，図にちょっとだけかき込んでみるとかでいいと思います。それらは誰でもできることなので。そしてその中で，数学的な見方・考え方の，「見方」の方をヒントにすることを心掛けています。どこを見たらいいか指差してというように。見るところが決まれば，見方につながり，考える方向が定まると考えています。

森本：苦手な子達は，できる子が発表した時にどこの話をしているのかがよく分かっていないことが多いです。だから，得意な子が発表した後に，どこの話をしているのかを共有

していくべきだと思います。自分が分かっていると思って話す子は，どこの話かをすっ飛ばして話すから，それについていける子がうなずいていても，ついていけない子たちは，どこの話かすら分かってないことが多いのです。苦手な子は聞く力が弱いだろうし，話す方は苦手な子がいるとき，ちゃんとうまく説明できてないっていうことにあまり気付いてないのです。

中田：話しをする方が，そういうわからない人に向かって言ってるんだという意識があまりないということがありますね。

2 わからない子が自分から動くように

盛山：それから，苦手な子は問題をどう解決するかわからないと手が付かない。これに対しては，どんなところがわからないのか，どこで困っているのかを一応聞いてみるようにしています。何か言ってくれたら，それを解決するためにみんなに相談する。困ってる子や，苦手な子を軸に授業を展開する場面が10分ぐらいあってもいいかなという感じです。自力解決の時間も，1人で考えたいのか，2人で考えたいのか，あと苦手な子が自分で聞きに行きたいとか，学習形態を選択できるよ

うにしています。

森本：私は，「旅学習」と呼んで学習形態を工夫しています。大切なのは分からない子どもから動くことです。教えてあげるために動くのではなく，困ってる側が援助要請に向かう力を大事にしています。

中田：分からない子から，どこが分からないかを言うのは結構大変じゃないですか？

森本：だからそういう形態をとっているんです。新しいクラスを受け持つときは特にその大切さを話します。

田中：前号でも特集した「学び方」を授業の中で培っていく視点を持ちながら授業をすることが大切だと思います。わから

ないときに，自分から必要な情報を欲したり，立ち止まりたいという思いを表出したりできたらいいと思います。理想的には自分から質問ができるようにしたいのですが，何がわからないかはっきりしない場合も多いから，困っている表情を見つけた時に，「今困ってそうな子がいるけど，どんなことを聞きたいと思ってるのかな？」と，質問をあえて言語化させるようにしています。

盛山：それが良い質問だったら，全体の問いに高めることもできますね。

3 「訊く」ことができる子どもに

森本：以前，「きく」には3つの種類があると盛山先生が書いているのを読んだことがあります。門構えの「聞く」と耳へんの「聴く」それと，ごんべんの「訊く」の違い。こ

の3つ目の「訊く」っていうのがすごく大事なんだなって思ったんですよ。

盛山：その話は，NHKアナウンサーの岡部さんから聞きました。最初の「聞く」というのは音声が入ってくるという意味。2つ目の「聴く」は本当に集中してき取っている。そして3つ目の「訊く」は，質問ができるぐらいのきき方です。これは，自分の考えと照らし，比較しているということです。だから聞きたくなるわけです。

森本：算数はわかる・わからないがはっきりしてしまうから，苦手な子達は動きにくくなります。だから，わからない子にそういう「きき方」をしてほしいんですね。でもそれは，環境を整えてあげないとできないんです。

4 予防的な指導と積極的な指導

大野：もう一方で，苦手な子に対して，算数ができるようにしてあげなければいけない。そのためには，発想する力を育て

ることが大切。苦手な子どもは問題に直面したときに考えが思いつかない。だから，思いついた子に対して何を問うかですよね。なぜそうしようと思ったのか，どうしてそれを思いついたのかと。授業でそこの部分を掘り下げていかないと，苦手な子はいつまでたっても苦手なまま。だからよくやってるのは，これから三角形の面積を求める授業をするけど，どんな三角形だったら簡単に面積を求められそう？と，思いつく部分から始める。これはできるなと発想する部分から授業を始めてあ

げる。「どれだったら簡単？」って，発想を広げてあげることをしないと，苦手な子はいつまで経ってもできないと思う。

盛山： そうすることで，既習に結び付けてあげるのでしょうね。

青山： 今日5年生で実際やったことなんですけど，よくある授業ですが，カレンダーを示して，パッと枠で囲んだ9つの和を求めるという問題です。何回かやっているうちに，どの9個を示しても素早く答えを言う子がいることが分かります。苦手な子たちは「なんで？　なんで？」ってなって，どうやったら素早く計算できるのかな？ということを考えていきました。得意な子は最初から9個の真ん中が平均だなんて言うのですが，それをいきなり扱うんじゃなくて，最初に「なんで？」って言ってた子達はどうやろうと思ったかを逆にみんなで想像したわけです。そこから，やみくもに足したら早く計算できないから，横の3列に分けて和を求めて足せばいいという話になったんです。それで縦でも斜めでも，真ん中の18を通るところは3つの数の平均が全て18になることを確認していきました。

大野： 自分だったら，どこに枠を置いたら簡単に出せそうかを問う。そしたら真ん中を10にするんじゃないかな。それを聞くことによって，9が見えるじゃないですか。

青山： 確かに，20とか11を真ん中にしたときは，9をかけるだけで簡単にできることは，後々子どもたちから出てきました。ただそれ

を最初にやるのではなく，仕組みがある程度見えたら自然と引き出されると考えていました。枠がどこになっても，こうやれば簡単にできるっていう見方・考え方を引き出したかったから。苦手な子も少しずつ早く計算できることが納得していったと思うのですが，実際に私の今日の授業を見ていただいたヤコブさん，どうでしたか？

ヤコブ： 難しく感じました。何人の子どもがわかっていたのかがわからない。例えばよくわかって

いる男の子が，それぞれの数と18との差を出して説明していた。これをわかっている子が何人いるのかなと感じました。誰がわかっているかがわからない。

大野： わかってるかどうかをどうやって見るかですね。

青山： その説明の前に，9つの数の中で一番大きい26と，一番小さい10をペアにして，26から10に8をあげるとどちらも18

になるという説明があったんです。その子は普段あまりしゃべらない子で，話す方の表現がすごく苦手です。言葉にはできなくて，18になる数の組み合わせを表のように並べて黒板に書いたんです。で，さらにその子の前には9つの数の中にある3つの数の並びに色を付けて，どこも平均が18になるという説明をした子がいました。で，その前が横の3列に着目した考えです。少しずつ補い合ってあの

説明につながっていたわけです。

夏坂：やりやすい部分を聞くのは，最初からこの中には苦手な子がいるという前提で行う授業。それと，問題を解いている子どもたちの姿を見ながら，困っている部分を見いだして，それに対する手立てをとる授業。困りに対する手立てと，そういう子がいるということを前提での授業づくりという2つの話が出ている。

中田：予防的な生徒指導と積極的な生徒指導みたいな，子どもにどう対処していくかといった感じですね。

夏坂：それぞれ大事なんだけど，どちらかといえば，後者の方の対応が多くて，大野先生のようなことを考えている人はあまり多くない気がします。それから後者のような指導も，だんだん均すような感覚に気付いていくような手立てをとる場合もある。

5 手元で「かく」ことの大切さ

盛山：図や操作で落とし込んでいくのも，苦手な子には必要ではないかと思うんです。我々筑波小の教員は，子どもを動かして，ワイワイ議論する場面を作ることは多いですね。一方で，個別に操作をさせたり，ノートにじっくりかかせたりすることは，少なめだと思います。おととい，島根大学の附属小学校で授業をしたときに，教科調査官の笠井先生に，ホワイトボードの前で議論するだけで，その図が子どもたちの手元にないことを指摘されました。手元で動かしたりかいたりするもの

があったら子どもは何か言いたくなるということです。そうすると5分，10分と時間がかかるので，個別の子どもに返す時間や，ひとりでちゃんと操作したり図に描いたりしてノートに残す時間が絶対必要だと笠井先生は言っていました。

青山：それは，それぞれが自分の思いや考えをかく時間とは違って，みんながその図をかいたり操作したりした上で次の活動につなげるべきということですか？

盛山：そう。意味の共有のために落とし込んで考える時間とか，途中，話題になったことを，もう一度子どもに返してかきかえてもらうとか。特に苦手な子にはこのじっくり考える時間がいるのかもしれません。

中田：以前，GGゼミで「聞く」と「書く」というテーマでやったのですが，その時はすごく意識して書く時間を取った。そうしたら，それぞれの頭の中に落ちていくことが分かって，この時間って大事なんだなと感じました。

森本：高学年の場合は，つい分かってるだろうなと思って進めてしまいます。今日も比例の授業をしていて，そんなのすぐだよ，みたいに言う子が何人もいる。彼らにとって，2倍，3倍になるなんて分かっていることなんです。でも本当は，苦手な子のために時間をとりながら図にしてゆっくり進めていかなければいけないのですが，できていないという反省があります。

6 意味理解の場面こそ丁寧に

盛山：授業では，まず紙テープを全員に配って，お楽しみ会で輪飾りを作るから四等分にしてくださいと伝えました。子どもたちはテープを切って4等分するのですが，ちょっと仕掛けをしてお

いたんです。配ったテープは青とピンクの2種類があって，四等分した長さが違うんです。「先生，長さが友達と合わないです」と言うので，4本つなげて並べてみると確かに合わない。長さを測ってみると，ピンクがちょうど1mで，青は80cmなんです。どちらも切った1本分は$\frac{1}{4}$だけど，青は80cmの$\frac{1}{4}$，ピンクは1mの$\frac{1}{4}$。そこまでは良かったんですけど。

森本：$\frac{1}{4}$mが子どもから出てこない？

盛山：それは私が教えました。1mがもとの場合は，$\frac{1}{4}$mと言いますと。でも80cmの場合は，「80cmの$\frac{1}{4}$」と長く言わなきゃいけないから面倒だということを子どもたちから引き出して，じゃあこれもスパッと「何とかm」と言えるように言いかえてみようと。そうしたら授業は停滞したんです。私は$\frac{1}{5}$mにしたいんですね。でも，子どもたちは0.2mと言うんです。とうとう私は，赤の時は$\frac{1}{4}$mだったよね。青も分数で表せないかなとまで言ってしまいました。それでも苦戦しました。小数の知識も入っているから，十等分することが自然になっているんですね。この0.2mを$\frac{1}{5}$mに言い直させるのに結構苦労しました。

森本：そういうのが苦手な子っていうか，全体的にそうだったということですか？

盛山：子どもたちが手元で図をかいて調べる時間があれば，全員が理解できたと笠井先生に言われたんです。

森本：1mを$\frac{1}{4}$にしたのが$\frac{1}{4}$mしか情報が与えられていないじゃないですか？　例えば1mを$\frac{1}{2}$にしたら$\frac{1}{2}$mっていうんだよとか，いくつか例があれば良いのでは。

青山：その2個目を出すためにやっていることだと思っていました。その上で，別の場合を出すのではないですか？

盛山：一応，5個きちんと並べて1mになるから，これは$\frac{1}{5}$mとも言えるんだねって子どもが言ってくれてね。最後に別の飾りを作るために$\frac{1}{2}$mのテープを切りたいって言って，封筒から黄色いテープを出したら長いわけ。長さは2mです。そうしたら子どもたちはどうしたと思いますか？

中田：そのまま半分にした？

盛山：そう。2mのテープを2本に切って$\frac{1}{2}$mと言うんですね。これにほぼ全員が賛成しました。でも1人だけ違うという子がいました。その子が，黄色を切った長さが赤の1mとぴったり同じでおかしいって言ったら，みんなもう一度考え直して，1mの半分だから$\frac{1}{2}$mと修正していきました。

田中：このあたり難しいと思います。分数が集まって1mになるっていうのはやっぱりひとつハードルが高い。$\frac{1}{5}$mが5個で1mということは見えていないから。

青山：青の80 cmを上に，ピンクの1 mをその下に示しているんですけど，1 mの方が上にあれば，切った青を4本並べた時に，あと1本あれば上のピンクとぴったり同じになることが見えやすくなったと思います。実際に$\frac{1}{2}$ mのときも，気付いた子はピンクのテープを基準と考えていたわけだから。

盛山：苦手な子の話で言うと，森本先生が言った，赤の情報1つだけでは少なかったかもしれない。多すぎると混乱する可能性があると思って2つに絞ったんだけど，いくつか1 mを分けたうちのどれだけかという典型的なものがあった上で，異質なものがあった方がうまく進む可能性があったかもしれない。あとは微妙な置き方の話もあるかもしれないし，笠井先生が言ったことで必ず書かせて落とし込む時間についてもこれから丁寧に考えていきたい。

7 意欲を高める計算練習

森本：計算が苦手な2年生の子が夢中で取り組んだ例を紹介させてください。くり下がりがある引き算って時間かかるし，難しいですよね。習熟段階の最後に「108−12」という筆算を示すと，子どもは答えを96と出します。そこからまた12を引き続けようと言って計算していくと，最後が0になります。「先生できた」という子がいたら，「117−13」をやらせると，これも13を引き続けていくと，最後が0になるんです。そのスッキリ感があ

るから，苦手な子がすごく喜んでやっていたんですよ。引かれる数が引く数の9倍だから引いていくと必ず0になるわけです。一生懸命やって最後が0になるとすごく喜ぶんですよ。こういうちょっとした工夫をしてあげると，ただ与えられた計算問題をやるよりも，楽しみながら数に働きかけたり，計算の仕組みを考えたりする子どもが育っていくと思います。

盛山：最後が0にならなかったら間違っているから，自分でも点検できますね。

8 おわりに

中田：最後にゲストのヤコブさんから一言。

ヤコブ：今回のような話をデンマークでは先生方から聞くことはほとんどありません。デンマークの，先生は教えて子どもは覚える。分からない子どもや，覚えられない子どもがいたとき，デンマークの先生には2つのパターンがあります。ひとつはもう一度同じことを言う。もうひとつはもっと練習してくださいと言う。でもあなたたち筑波小の先生は，子どもがどこで，どんなことに困っているのかをいつも考えている。そういう話は私たちにとってすごく新鮮で，可能性を感じます。

第71回『算数授業研究』公開講座　　　　　実施日：2022/10/22

くり上がりあるたし算につなげる「3口の計算」
―「10をつくるよさ」の感得に焦点をあてて―

大野　桂

◆ 実践までの「10をつくるよさ」の感得

　私は，「3口の計算」で，徹底的に「10をつくるよさ」を意識させる指導に取り組んでいる。それは，くり上がりのあるたし算へのスムーズな接続を意識してのことである。

　本実践に臨むまでに，子どもたちは，式の数値を決める試行錯誤の活動で，「10がつくれる数値を決めると計算が簡単になる」というよさを感じてきた。

　例えば，以下の課題に取り組ませた。

> りんごが3つのかごにのっています。3つめのかごにいくつのリンゴがのっていたら，あわせたリンゴの数が求めやすくなる？

　そして子どもたちは，「10をつくるよさ」を見出した。

> C　2こがいい。だって，10になるから。
> C　8＋2＝10だから，あとは10＋5になって簡単。

　3口のひき算でも，以下のような問題で「10をつくることのよさ」を実感してきた。

> 13個のおだんごがあります。みんなは□個，先生は7個食べました。
> 　　　　13－□―7
> 皆がいくつ食べたらひき算は簡単になる？

　子どもたちは，次のように「10をつくるよさ」を見出した。

> C　3がいい。10をつくりたい。
> C　13－3＝10になって，その後の10―7も簡単。

　このように，3口のたし算・ひき算で「10をつくることのよさ」を実感してきた。

　また，練習問題でも，以下のように，10ができるのは「ラッキー問題」として，子どもたちは見出した。

> 計算練習
> ①　6＋4＋7　　②　8＋5＋2
> C　①はラッキーだ！　　6＋4で10だから。
> C　③先に8＋2をすれば10が作れる！

◆「数を分けて10をつくる」ことのよさを見出す本実践の概要

　本実践は，これまでの3口のたし算の練習問題のような位置づけ，そして板書に示した課題で，まずは「ラッキー」を捉えさせることからはじめた。

> お団子を，何回かに分けて食べました。ぜんぶでいくつ食べたかが，簡単に分かる式は，どれかな？

　短冊かかれた式を，次々に提示した。子ど

も達は，その式をみて，右の板書のように，どれも「10がつくれるからラッキー」だと見出していった。

次に提示した式は，10をつくることはできない。8＋5＋7」である。この題材を「3口の計算」で扱ったことと，課題を「何回かに分けてお団子を食べる」としたのは，「お団子を食べる回数を多くしてもいい？」，すなわち「数を分ける」という発想を引き出したかったためである。

もちろん，最初は子どもたちは「10がつくれないから，アンラッキーだ」と声を発していた。しかし，しばらくして，板

書に示すように，「4回に分けて食べるとダブルラッキーになる」と言い出したのである。

そして，板書に示すように「数を分けて10をつくるよさ」を見出し，計算の仕方を構築していったのである。

$$8 + 5 + 7$$
$$\rightarrow 8 + 2 + 3 + 7$$
$$\rightarrow \quad 1\,0 \quad + 1\,0$$

今回，この数値にしたのは，子ども達が発したように「ダブルラッキー」，すわなち「10＋10」となる強烈な気づきが生まれると考えたからである。

実際に授業でも，その「ダブルラッキーになる」という気づきが，子ども達の気づきへの感動と，「その考えを説明したい」という意欲につながっていた。

ここまで述べたように，「3口の計算」で，くり上がりあるたし算に取り組ませることは，「分ける」という必然を生む意味，そして，「10＋10になる」という強烈な気づきを引き出す意味でも有効であったと考える。

そして最後に，以下の問題を提示し，「ダブルラッキーはできなけど，ラッキーにはできそう」という気づきを引き出し授業を終えた。

◆協議会より

・授業構成が低学年むきじゃない

説明させたり，理由を言わせたりといった活動を続け過ぎるのは，1年生には辛いかもしれない。代案としては，「2人で3枚カードを同時にめくって，先に3つの数の和を答えた方が勝ち」というようなゲームで式とつなげていくなど，低学年では，算数と別の動機づけがあるとよかったという意見をいただいた。

たしかに，算数のよさを子どもが説明できるようにという思いが強くなると，高学年のような授業になってしまうことがある。

あらためて，学年の発達段階に応じた授業構成を考えなければならないという大きな示唆をいただいた。

第71回『算数授業研究』公開講座　　　　実施日：2022/10/22

場面の状況を式や図に表したり読み取ったりする授業

田中英海

1 本実践の主張

　4年「式と計算」では，時系列のある問題場面が扱われる。また，複数の式を（　）を使って1つの式で表した後は，計算の順序を学習する印象が強い。そのため，式に表す目的が，答えを求めるためであったり，お話通りに表すためであったり，数量の関係を表す式としての認識を妨げているのではないかと考えている。買い物だけでは，（所持金）－（代金）＝（残金）という数量の関係が見えやすく，式から関係を読む必要を感じにくい。時系列ではない，日常の場面の状況を式に表す問題を扱うことで，数量の関係としての式の理解を深めることをねらう。

　本時では，歩道をふさぐために，コーンバーの本数と長さについて教材化した。

　バーをコーンに付ける時には，輪の部分（10 cm）の重なりがある。また扱うバーは，スライド式で長さを120 cm～200 cmと調節できるものにした。4 mの歩道を何本のバーでふさげるのか，何 cmにするのかが問題である。

2 授業の概要

（1）日常事象を数学化する

　歩道の写真を見せ，左のようなコーンバーで道をふさぐことを確認し，板書のように問題をまとめた。すると，「バーの長さが分かれば，何本必要か本数が分かるし，本数が分かれば長さが分かる」と関係性に着目をし始めた。そして，「例えば，2 mのバーだとしたら……」と板書の上の図にバーを並べると4 mになるが輪の重なりで少し短くなると発言した。

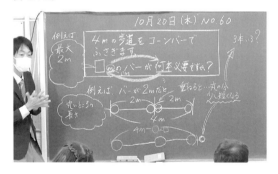

　重なった場合は，下の図になると書かれた。この時点では，スライド式のバーが最大2 mであることは伝えたが，輪の部分の長さを伝えてはいなかった。そのため，4 m－○（輪）＝□　が全体の長さになると図に書き込む発表があった。ねらいとする数量の関係を表す式であったが，時間が押していたこともあり，この式の扱いが軽くなってしまった。

（2）2mのバーが2本の場合の式

　輪が10cmであることを伝えて，式で表せるか自力解決の時間をとった。そして，下の板書のような式が発表された。それぞれの式を図と関連づけて，意味を考えていった。

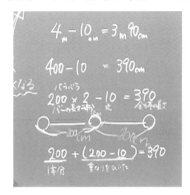

　最大200cmまで伸ばしたバー2本では4mをぴったりふさぐことができないことを確認した。そして，コーンバーの数を増やして，120cm〜200cmまで調整すれば，400cmぴったりふさぐことができるのか，課題を追究した。

（3）バーが3本の場合の式

　3本のスライドバーの長さを全て同じにする必要があるとは言っていない。解決の結果が1つに決まらないことが本教材の面白さであると考えていたからである。協議会では，条件を整えてから解決させないと，不公平さを感じるのではないかという指摘もあった。

　検討場面の前に，長さを同じと考えている子と違う長さを考えていた子の2種類の図を先に板書させた。

$140 \times 3 - 20 \quad = 400$という式に対して，$140 \times 3 - 10 \times 2 = 400$の方が，場面を表しているという式のよさも出てきた。140cmのバーが3本でぴったりふさぐことができた。

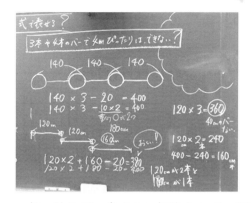

　一方，長さが一定でない解決として，120×2本だと240cmで足りないから，3本目を160cmにするという意見が出た。多くの子が納得したが，輪の重なりの引いてないことが分かり修正された。120cmのバーが2本と180cmのバーでもぴったりふさげることが分かった。授業の最後に，これら以外の式だけを板書して授業を終えた。

③ 協議会を踏まえて

　授業のねらいは，バーが3本の場合の式の読みであった。1時間の授業として焦点化するには，問題の条件をさらに精査して提示する必要があった。また，バーの長さが調整できるのであれば，長さを考える必要が日常の事象としてないのではないかという意見もあった。一方で，子どもは条件を仮定しながら数学の事象として解決を進める姿，式の解釈の楽しむ姿を見られた。教材の更なる活かし方を考えたい。

問題集を活用した授業

— 「チャレンジしよう」の問題から発展的に考える授業を創ろう—

森本隆史

◆「チャレンジしよう」の問題から

　算数問題集（以下，アイテム）は，「練習しよう」「たしかなものにしよう」「見方・考え方を広げよう」「チャレンジしよう」という構成になっている。

　算数科では，発展的に考えることを大切にしているが，アイテムの「チャレンジしよう」の問題の中には，子どもたちが発展的に考えることができる問題も多く取り扱っている。アイテムの問題を見て，実際の授業を考えて実践してみるのもおもしろい。

◆授業のページから

　3年「かけ算（1）」の「チャレンジしよう」の問題に以下のようなものがある。

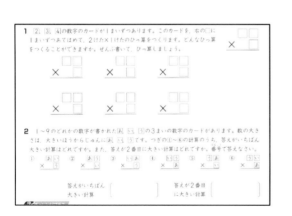

　1の問題は，「2，3，4」のカードだけで考えているが，2の問題は「1〜9」のカードで考えるようにしてある。これは，1の問題と2の問題をつなげて考えられるようにしてあり，「2，3，4」だけではなく，どの数についても考えることで，子どもたちがきまりをみつけられるような展開にしてある。

　「答えがいちばん大きい計算」の次は，「答えが2番目に大きい計算」という流れも授業の中に取り入れるとおもしろい。

　子どもたちが自分で問題を広げていけるようにすることはとても大切である。実際の授業では，
「答えがいちばん大きい計算と，2番目に大きい計算がわかったね。じゃあ，次はどんな問題ができそう？」
と，問いかけるとよい。教師がこのように問いかけると，子どもたちはきっと，
「答えがいちばん小さい計算を考えてみよう」
などと言うのではないだろうか。

　子どもたちがこのように言えば，
「よし，じゃあ答えがいちばん小さくなるのはどんなときなのか，考えてみよう」
と，子どもたちの言葉から授業を創っていくことができる。

　同じようにして，
「2けた×1けたの筆算のことについてはわかったね。次はどうする？」

と，子どもに問いかけてみると，3けた×1けたについても考えるという展開になっていくのではないだろうか。

◆実際の授業では

わたしは，1〜9の数字が出るサイコロを教室に持って行った。□□×□の筆算をすることははじめに告げて，□に入る数をサイコロで決めることにした。サイコロを使ったのは，「教師が決めていた数」と子どもたちに思わせるのではなく，子どもたちに「偶然決まった数」「どんな数でも」と思わせたいからである。

3人の子どもが順番にサイコロを振って授業で使う数を決めたのだが，偶然にもアイテムに出てくる数と同じ「2，3，4」になった。

子どもたちには，「今からこの3つの数を□の中に入れて計算をしようと思うんだけど，2けた×1けたのかけ算は何種類できそう？」と尋ねた。「作ったかけ算の式はまだ計算しないでね」と付け加えた。

下の板書にあるように子どもたちは6種類のかけ算を見つけた。その後に，「あ〜かの中でどれがいちばん大きくなるでしょう？」

と尋ねた。計算する前に予想を聞いてみると，42×3と32×4が多くなった。予想を聞いた後に，6つの筆算をしてどれがいちばん大きくなるのか確かめた。32×4がいちばん大きくなるのだが，子どもの中には「意外」とつぶやく子どもがいた。どうして意外だと思ったのか尋ねてみると，「かけられる数の十の位が4ではなく2番目に大きい3だから」と言っていた。このようなやりとりをしていると，30×4と40×3の答えはどちらも120で同じになるということを子どもたちが説明し始めた。

どの式の答えがいちばん大きくなるのか見つけることだけが大切なのではなく，このように，かけ算の筆算のしくみについて気づくことも大切である。

32×4がいちばん大きくなるということがわかった後，サイコロで新しく3つの数「1，5，6」を決めた。同じように6種類の式を書き出し，どれがいちばん答えが大きくなるのか尋ねたのだが，子どもたちはすぐに51×6がいちばん大きいことを見つけて，チャレンジ問題2にあるような話題をし始めたのである。

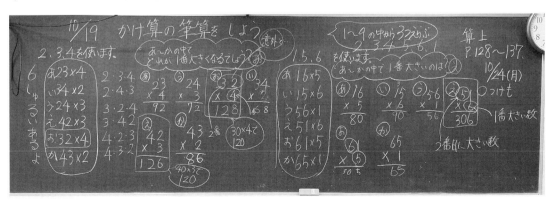

3年生　小数の導入

盛山隆雄

❶ 量を見せるところから

小数の導入授業をするにあたり，本物の液量を見せ，その量を予想するところからスタートした。そして，1Lマスに液量（水）を移した（下写真）。そして，その様子を図に表したのが，液量図であると子どもたちに伝え，提示した。

❷ 量をどのように表せばいいかな

液量図を見せて，表し方を問題にした。図には目盛りがないので，

「どんな目盛りをつければうまく表せるかな？」

と問うた。すると，3等分，4等分という発想が出てきた。端の量が$\frac{1}{3}$Lや$\frac{1}{4}$Lに見えたのである。その都度，丁寧に3等分や4等分の目盛りを書いて確かめたが，うまく液量

を表すことができなかった。その他にも8等分や12等分と言う子どもがいたが，10等分にして表すという発想は生まれなかった。

0.3Lという量は，確かに$\frac{1}{3}$や$\frac{1}{4}$ぐらいに見える。日本では，1.3Lを扱う教科書があり，導入で扱われる一般的な量と認識していた。しかし，協議会では，1.1Lが良かったのではないかとデンマークの先生から指摘された。分数で見る子どもたちが多いので，0.1Lを$\frac{1}{10}$と見て10等分の目盛りをつける発想をする子どもが出るだろうと言うのだ。その通りだと思った。

❸ 習熟のためのビンゴゲーム

3×3の9マスの表を渡して，0.1L〜1.9Lの小数の量の中から9個を選び，マスの自由な位置に書いてもらった。そして，封筒から1つずつ液量図を引いて，同じ量を書いているマスを塗る。液量の図は目盛りがないので，毎回10等分の目盛りをつけて調べる必要があった。1列そろったらビンゴ！である。

イギリスでの算数授業研究会

日本の「授業研究」は世界に羽ばたく

大野　桂

令和4年10月，コロナウイルスを乗り越え，3年ぶりに海外での算数授業研究会に参加した。今回は，イギリスのケンブリッジ大学附属小学校での算数授業研究会。ここでの試みは初である。

7年前から，私たちとともに研究を進めてきたデンマークの研究者のヤコブ氏の，「ヨーロッパ中に日本の授業研究を広めたい」という強い思いが，イギリスの研究者の心を動かし，開催に至った。そもそも，日本の授業研究も，今，世界中で注目されている。イギリスでも，Collaborative Lesson Research（CLR）という授業研究を推進する団体があるが，そこに所属する研究者の思いと重なり，ケンブリッジ大学附属小学校での算数授業研究会の開催に至ったのである。

授業研究会を推進したのは，イギリスの数学教育の権威であるジェフ氏とジェフリー氏。そして，ケンブリッジ大学附属小学校副校長のルーク氏である。ルーク氏は日本に滞在していたこともあり，日本語が堪能で，授業研究会の通訳をする役を担っていた。

授業研究会前日，ケンブリッジ大学附属小学校に訪問し，ルーク氏と打ち合わせ。通訳をお願いするので，授業内容はもちろんであるが，子どもの反応を，ルーク氏が解釈することなく，そのままのことばで私に伝えてほしいとお願いした。もう1点は板書。イギリスには板書の文化はない。だからもちろん黒板はなく，$\frac{1}{4}$畳ほどのやや大きなホワイトボードがあるだけ。そこで，学校中からそのホワイトボードを集めてもらい，それを4枚並べて，日本の黒板の$\frac{2}{3}$程度のサイズのホワイトボードができあがった。

私の役割は，4年生に「簡単な割合」の授業とその授業協議会を行うこと。授業の前に，授業の目的や方法についての意見交換を参会者の先生方と行うことから授業研究会がはじまった。授業前に意見交換を行う文化は，日本の授業研究会ではあまりみられないが，イギリスの先生方の，意見と質問が途切れない，活発な意見交換にとても驚かされた。

さて授業である。ケンブリッジ大学附属小学校の子どもたちは，日本の子どもたちと何も変わらず，素直な反応を示し，活発に意見を述べてくれた。ある子の意見を捉え，「この子は，なんでそう言ったんだろうね。その気持ちが分かりますか？」と問い，続けて「その気持ち，お隣の子と相談してみて」というと，活発に話し合いをしていた。さらに，「今，話し合っていたことを教えてくれますか？」と問うと，多くの子どもが挙手し，積極的に考えを述べていた。本当に，日本の子どもたちと何もかわらず，素直な気持ちで算数授業に向かってくれた。意欲的な素晴らしい子どもたちである。

その活発に話し合う子どもの姿に驚いていたのは，私ではなく，むしろ参会者の先生であった。イギリスの先生たちは，そのような子ども達の姿を授業でみることは，これまでなかったらしい。協議会では，そのような子どもの姿が表出した要因が話題の中心になった。

来年もケンブリッジ大学附属小学校で授業研究会の開催が決定。日本の授業研究は世界に羽ばたくと確信した授業研究会であった。

勝つ可能性が高いのはどっちかな？

高知大学教育学部附属小学校　**松山起也**

6年生の発展「確率」の授業を紹介する。

1 どっちかな？はっきりさせたい！

最初に「2人組か3人組でジャンケンをします。1回だけ出します」と問題場面を板書し，実演しながら「1回だけ出すということは結果があいこになる場合もある」ということを確認する。その上で，「2人組と3人組では勝つ可能性が高いのはどっちかな？」と問題を示す。そして，それぞれに予想をさせ，挙手で立場を確かめる。

次に，実際に2人組と3人組で何度かじゃんけんをさせてみる。すると，「人数が増えるとあいこの場合が増えるから，あいこが少ない2人組の方が勝ちやすいんじゃないかな？」「3人組の方が勝つパターンが多いから勝つ可能性が高いと思う」「やっぱり同じじゃない？」等と様々な声が聞こえてくる。

そこでまず，「人数が増えるとあいこの場合が増えるってどういうこと？」と返すと，「2人組では2人がそろった時があいこだけど，3人組ではグー，チョキ，パーの時もあいこになる」「人数が多いとあいこばかりでなかなか決着がつかないことがあるから」と，自分の体験から考えたことを表現していく。

このように，予想をさせ（立場を持たせ）たり，実際に試した上でそれぞれの視点を共有したりすることで，「どっちかな？　はっきりさせたい！」と考える意欲を膨らませていく。

2 勝つパターンは何通り？

今度は，「3人組の方が勝つパターンが多いという人がいたけどどういうこと？」と問う。すると，「例えば3人組だと［パー，グー，グー］だけじゃなくて，［パー，グー，パー］でも勝ちになるから」「でも逆に負けパターンも増えるんじゃない？」と意見が分かれ始める。

そこで，「自分がパーを出した時に勝つパターンは何通りあるの？」と返すと，「2通り？」「3通りでしょ！」「全部で何通りあるのかな？」と，子どもたちは表や図をかきながら，最終的には「2人組と3人組の勝つ可能性は同じ」であることを明らかにしていった。

このように，自分の体験や表，図等をもとに考えたり表現し合ったりしながら，新たなものを見出していく経験が，思考力を育むためには重要であると考えている。

最後に，「でも人数が増えるとあいこが増えるはずだけど……4人組でも同じなのかな？」という発言，皆さんはどう考えますか？

思考力を育む
おもしろ問題

中学数学へのかけ橋　特殊から一般へ，問いが連続する「角の二等分線」の授業

那覇市立那覇小学校　**新城喬之**

　6学年の教科書の巻末には，数学の素地を養ったり，数学への興味・関心を高めたりしていくことを目的とした，算数から数学への橋渡しとなる内容が掲載されている。本時は，その中の角の二等分線を作図する実践を紹介する。

1 「特殊（直角）」から導入する

　教科書では鋭角を提示し，角を二等分する直線を作図しよう，と展開する。本時は，鋭角ではなく「直角」を提示した。

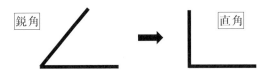

　これが本時の仕掛けである。角を二等分する直線の意味や直線をコンパスと定規だけで作図することを確認し，自力思考に入った。

　児童はコンパスと定規で正方形を作図し「正方形の対角線が直角を二等分する直線となる」と説明した。そこで「どうしてこの直線が正方形を二等分する直線と言えるのか？」と問うた。児童が無意識に働かせている図形に対する見方を顕在化させるためである。

　児童は，正方形を二等分すると合同な直角二等辺三角形が2つできる。直角二等辺三角形の90°以外の角は45°だから，正方形の対角線は，直角を二等分する直線となる，と説明した。

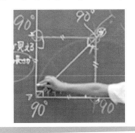

2 「鋭角」の問いへ発展

　直角の二等分線を作図した後「もう，これでどんな角でも二等分線が引けるね」と揺さぶった。すると「直角はできたけど，他の角も二等分できるか，やってみたい」と児童は動き出した。そして，一人ひとりが任意の角を作り，ひし形の性質に着目することで，鋭角を二等分する直線を作図することができ

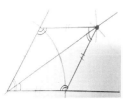

た。このように，授業の導入で特殊な例を提示し，その解決方法が一般化できると教師が断定することで，児童が問いを発展させ，他の事例も含め一般化しようとする姿を引き出すことができると考える。

3 自ら「特殊」をつくり思考する

　児童は「角が二等分できるなら，三等分もできるのかな」とさらに問いを発展させた。

　ここで，児童は先述した直角の二等分線の作図から類推し「直角だったら30°を3つ作ればいい」と正三角形

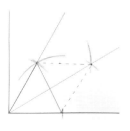

の性質に着目することで，直角の三等分線を作図したのである。児童が「〜だったら」と自ら特殊な例をもとに解決の方向性を見いだしたことに，本時のおもしろさがある。「特殊な例から導入する」視点は，他の単元でもお薦めである。

こだわりの授業を紹介！

子どもの想いであふれる板書に

昭和学院小学校
二宮大樹

1 「子どもの言葉」でいっぱいにしたい

今から約10年前，ある研究会で私が授業を公開した際に，協議会で板書が話題になった。その板書には「正方形と言えますか？」と大きく書かれた文字と，黒板に貼り付けられた図形のみが残っていた。大袈裟でなく，それだけしか残っていなかった。パネルの先生からは，「これだけでは何の授業かも分からない」「子どもが考えていなかったことが表れている」と厳しいご意見を頂いた。私は板書が原因ではなく，授業に問題があるのだと気づいた。そして，子どもの素直な疑問や考えを引き出す，そしてそれを残すことを大切にしようと誓った。それ以降，私は一日の板書を振り返り，どれだけ子どもの言葉が残っているかを振り返ることにしている。それは，子どもがどれだけ主体的になったかという証でもあるからだ。そして，10年が経ち，当時

授業を見て，ご指導くださった先生から原稿依頼を頂いた。その時，特別な授業ではなく，普段の授業の板書を見て頂こうと，心に決めた。

2 「子どもの言葉」がきっかけになる

授業は，6年生「比例・反比例」の導入である。比例について振り返る時間であるが，比例場面ではない状況を示し，子どもたちに「y が x に比例する」とはどのような関係かを考えさせたかった。2量が比例していることが前提になっている問題を与え，棒の全容を見せる（電子黒板上で先の1 m しか見えないようにしていた）と，子どもたちは「最悪だ！」「おかしい」「ひきょうだ」と口々に叫ぶ。そんな言葉も板書して良いのではないか。その言葉を指さしながら私は「なんで？」と聞く。すると，子どもたちは「だって……」「思ってたのと違う」と言葉を続ける。その言葉を板書すると，子どもたちは，ノートに写すと同時に図を書き始める。その図を黒板にかかせると，さらに「でも……」「もっとわかりやすく」と表や言葉での説明に発展していく。そうか子どもは，板書をもとに思考を紡いでいるのだ，改めて気付かされた。

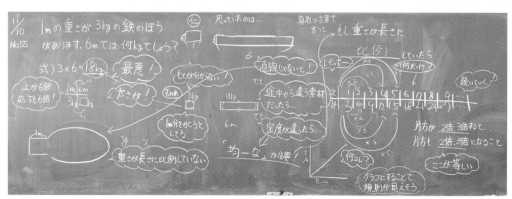

こだわりの授業を紹介！

見て、見て！ My 板書

個に応じた目的を意識した板書

東京学芸大学附属小金井小学校
尾形祐樹

1 習熟場面での個に応じた板書

一人一人が個に応じて，多様に習熟・発展できるようカリキュラムの工夫を行った際の板書である。（4年生わり算の筆算習熟）

板書1 多様に発展できる問題

「□□÷□□の商は，絶対に1けたになる？」という問題を提示し，子供に応じて，多様に問題を解くことを意図した。得意な子は，1つの式で演繹的に説明しようとする。99÷10という2桁の一番大きい整数を2桁の一番小さい整数でわって商が1桁になったから，1桁になるという説明である。苦手な子は，その説明を聞いても，ピンときていない。とにかく，まず2桁の数を入れて確かめてみる。もう少し，順序を追って，帰納的に調べたい子は，わる数とわられる数をそれぞれ固定して，商がどうなるか調べていく。

板書2 全員で確認したい仮商修正

教科書では，仮商修正の場面を数時間丁寧に扱っているが，子供の実態を考えて，子供が，必要に感じた場面で扱うこととした。本時では，99÷12の商を立てる場面で，すぐに商を立てられない児童が3名いたので，ここで扱った。十の位に注目して商を立てることや商が小さい場合は，付け足す分を積み上げて書けばよいことを全員で確認した。

板書3 子供から発展させる問題

板書1の問題場面を，自分なりに解決した子は，問題を発展させて考えさせたい。本時では，子供に「どのように発展させたいか？」と問うと，①3桁÷2桁と，②3桁÷3桁の場合の商の桁を調べたいと発展させた。

2 ICT との併用

授業の板書を振り返りノートに整理する目的で，子供が Teams の学級算数チャネルに板書を撮影して，投稿している。直接算数チャネルに，自分の考えを書き込むこともある。

苦手な子も得意な子も，学習内容だけでなく，働かせた見方や，発展のさせ方などが参考になるような板書や記録にしていきたい。

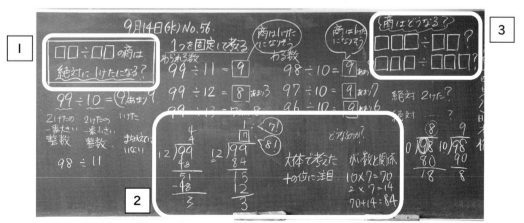

算数授業研究, 2023, No.144

47

訪ねてみたい算数スポット

SPOT-05
伊能忠敬に思いを馳せる

昭和学院小学校　中村潤一郎

千葉県の北東部，茨城県と利根川をはさんで接した位置に存在する千葉県香取市，佐原（さわら）。〝北総の小江戸〟と呼ばれ，江戸情緒あふれる街並みを散策しながら，昔にタイムスリップしたかのような感覚を味わえる町である。

佐原といえば，〝伊能忠敬〟。初めて日本地図を作成した伊能忠敬が，30年余りを過ごした町でもある。町の中心部には伊能忠敬記念館があり，入口の大型モニターには，忠敬が作った地図と現代の衛星写真が交互に映し出されている。改めて，忠敬の地図の精度に驚かされる。

これだけ正確な地図を，忠敬はどのようにして作ったのか。忠敬は自分の歩幅を測り，毎回同じ歩幅で歩くようにして距離を測ったそうである。記念館所蔵の「雑録」には，「1町に158歩」の記述がある。「1町」は昔の長さの単位で，約10908 cmのこと。忠敬はこの長さを158歩で歩いたことから，忠敬の1歩は，10908÷158＝約69 cmだったことが分かる。

忠敬が日本全国を測量してまわった歩数は，約5000万歩といわれている。69[cm]×5000[万歩]＝？どれだけの距離を歩いたことになるのか。

小腹が空いたら，おそばがオススメ。明治33年に建てられた小堀屋本店の店舗建物には，「3尺内側には江戸時代からの町屋形式の「蔀戸（しとみど）」が降りる」と書かれている。

3尺ってどれくらい？

見た目真っ黒の名物「黒切りそば」とともに，昔の単位が表す量感も味わってみてほしい。

SPOT-06
熊本の算数ものがたり
～黄金に光り輝く山鹿灯籠編～

熊本市立山ノ内小学校　吉井啓子

熊本と言えば，まず思い浮かぶのは，熊本城や阿蘇山ではないだろうか？　しかし，他にも魅力的なスポットが存在する。その一つが熊本の北に位置する山鹿市である。毎年8月，山鹿市では山鹿灯籠祭りが行われる。そこで使われているのが国指定伝統工芸品である「山鹿灯籠」だ。金に輝く灯籠を頭に乗せ1000人の女性が踊る山鹿灯籠は圧巻である。その美しさに魅了され，先日「山鹿灯籠民芸館」を訪れた。金灯籠は真横から見ると線対称，真上からみると線対称でもあり点対称でもある綺麗な形をしている。そして，実物を手に取り驚くのはその軽さだ。材料は和紙と少量ののりだけなので，わずか60ℊしかない。美しい形に魅了され，図形の学習で使いたいと思っていたのだが，実際に触れてみると，それだけではない山鹿灯籠の魅力を感じ「私も作ってみたい！」という思いが生まれてきた。重さから必要な和紙の量を推測したり展開図をかいてみたり，大人の私が夢中になって工作に取り組んでいる。

半年前，熊本大学の吉井貴寿准教授に『熊本の算数ものがたり』（熊本県小学校研究会算数部会，1983，日本標準）を紹介していただいた。山鹿灯籠は，その本の中に書かれている一つだ。熊本大学では「令和版熊本の算数ものがたり」を作成するためのプロジェクトが立ち上がっている。全国にもこのような本があるとお聞きした。是非，皆さんにも教えて頂きたい。

写真提供：山鹿市商工観光課

『ほめて育てる算数言葉』

田中博史　他・編
文溪堂

　この本には算数教育界でも著名な先生方と若手の先生方が算数授業における子どもの何気ない言葉に着目し，その言葉がどのような数学的思考に結びつくのか整理されている。田中博史先生曰く「議論して浮かび上がってきた共通点は，育てたい言葉が既に子どもの中に存在していて，教師がその言葉を引き出し価値づけていくことで育てていくことを目指しているという価値観である」と。

　「言語活動の算数授業〜私が大切にしたい算数言葉〜」の章では，実践例を基に具体的に提言されていて，どのような言葉を大切にすると思考力を育てることにつながるのかが，分かりやすく書かれている。また，見開き2頁にわたって，着目したい言葉が並べられている言葉マップを見るだけでも，どのような言葉を子どもから引き出すことが大切なのか，授業展開へのヒントになる。さらに，算数言葉を引き出すためにはどのような授業展開をすればよいのか，自分の授業づくりを見直すきっかけにもなること間違いなし。

　子どもと対話しながら授業をしたいと目指しているが，子どものどのような言葉に着目すれば，授業を展開していけるのか悩んでいる方には特に必読の書。

（豊島区立高南小学校　河内 麻衣子）

子どもに読ませたい
算数・数学の本

『ナゾ解き算数事件ノート』

小島寛之・著
技術評論社

　私がおすすめしたい本は，「すうがくと友だちになる物語」シリーズの第2巻である。

　この本は，探偵団を結成した小学生シモツキ，キサラギ，ヤヨイの3人が，全能博士の力を借りながら，町に隠れているパラドクス現象（つじつまの合わない不可思議な現象）を解明していく物語である。

　第7話からなり，「1ダースが144個になる？ 事件」（単位のパラドクス），「勉強時間が盗まれる？ 事件」（重複計算のパラドクス），「選挙は民主的じゃない？ 事件」（投票のパラドクス），「イジメの犯人がいっぺんにばれちゃった？ 事件」（推論のパラドクス）など，ゲーム感覚でナゾ解きをしていくうちに，いつのまにか算数・数学の世界に引き込まれてしまう。

　またナゾ解き特別編では，「一筆書きに関する理論」，「距離空間の理論」，「ジョルダン曲線の定理」などが扱われ，一見難しい内容に思われるが，どのように事件のナゾを解いていくのかが楽しく，大人もつい夢中になって読んでしまう。

　「解説」には，物語を構成している理論についてもわかりやすく説明がされている。

　「ものごとには必ず，道理というものがある。どんなつじつまが合わないように見えても，そこにはきちんとした理屈がある。」（「解説」より）パラドクス探偵団とナゾ解きをしながら，算数・数学のおもしろさを味わってほしい。

（国立学園小学校　吉村智美）

個を生かす授業 ～2年　3桁＋2桁の筆算

岩手県盛岡市立緑が丘小学校　**沼川卓也**

1 個を生かす授業の上で大切なこと

　右の写真は，児童Jが授業最後の局面である筆算を見付けた際の写真である。目を丸くして興奮する児童Jの机の周りには，複数の児童が集まっている。中には，写真を撮る真似をしながら「この筆算すごいよ!!」と児童Jの発見を他の児童に伝えようとする児童もいる。個を生かす授業を行う上で，大前提としたいのが，「伝えたい」という個の思いである。そして，その個を受け止め学び合うまわりの児童の「友達のよさを取り上げてほしい」という思いである。両者の思いが冒頭の写真にあった。その前提を引き出したのが，伝える原動力ともいうべき発見であった。

2 「伝える原動力となる発見」を促す3段階の問題提示

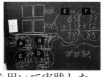

　2学年の3桁±2桁の筆算の学習の習熟場面。筆算において，波及的な繰り上がりや繰り下がりの計算処理を目的として1～8の数カード8枚を用いて実践した。

| 問題1　1～8の数カード（4枚選ぶ）2桁＋2桁の筆算作り |

　板書右の児童A～Dの考えを取り上げ，4つの筆算の式を確認する中で，数カードは重複して使うことができないことや，数カードには限界があることを捉えていった。

| 問題2　1～8の数カード（6枚選ぶ）2桁＋2桁の筆算作り |

　児童Aの筆算12＋34を数カードで作って計算しようとなげかけると「できないよ」と話す児童が複数いた。答えの46も数カードで作ろうとしたのである。この児童の考えにのっとって，答えも含んで数カードで筆算が作れるかを問うた。問題1で紹介した児童A～Dは全て答えが重複したり数カードの0が必要になるものであることから，違う数カードに変えればできるのかも？等，児童の問いが高まった。しばらく時間をとると，「できました！」と児童EとFが挙手して筆算を見いだした。

| 問題3　1～8の数カード（8枚選ぶ）3桁＋2桁の筆算作り |

　問題2において「なんだ簡単だ!!」という空気感になった所で残った数カードの2枚も含んで数

カード全部を使って3桁＋2桁＝3桁の筆算を作る問題を右のプリントとともに提示した。提示する上で児童Eの65＋13＝78の筆算に残った2，4の数カードを用いても「465＋13＝278」になることから，筆算が成立しないことを確認して，題意を捉えていった。また，「もしもここが百の位が4だったらいいけど（465＋13＝478）2枚同じ数カードが使えない」等から十の位に繰り上がりが必要なのではないかという解決への見通しをもった。上写真の筆算のように，「できた!!」と複数の児童が反応したが，筆算の繰り上がりのミスが多かった。暗雲が取り巻く状況の中で児童Gが挙手し，「できた!!」と話をした。「そんなことないでしょ？」ととぼけて問い返しながら，児童Gの条件を満たす筆算の式を確認し，拍手を送った。この式が本当に正しいか自分のプリントの上に作って確認するように促す中で，児童Hや児童Iの位の数を交換し組み合わせる筆算を複数の児童が導いた。全体で確認する中で，児童Iの「ぼくは児童G児童H児童Lと全然違う筆算ができました!!!」と興奮状態で話をする児童J。これが冒頭の瞬間である。周りの児童も児童Jの興奮が伝播して，「児童Jちゃんと合ってる！すごい発見だよ！」発見を喜んだ。ここで授業は終えたが，「ほかにもあるのかな？」「たしかめ算を使えば，たし算じゃなくて，ひき算も簡単にできるよ！」等，筆算に働きかけ続ける児童も複数いた。

3 「伝える原動力となる発見」は大人だって児童だって同じ

　本校は教育実習校である。本時は，2人の実習生が授業を参観していた。2人とも参観そっちのけで，条件を満たす筆算を作る姿が印象的であった。伝える原動力となる発見。算数だからこそ感じることができることは多いのではないだろうか。発見したら，伝えたいし，知りたい。これは大人も児童も同じである。個を生かす授業の前提として「伝える原動力となる発見」を大切にしていきたい。

※本稿は，全国算数授業研究会 月報第288号（令和4年11月発行）に掲載された事例です。

Monthly report

「だいたい」を引き出す4年概数の指導　子どもの言葉を生かす授業づくり

北海道士幌町立士幌小学校　**湯藤浩二**

🄌 個を大切にする授業＝子どもの言葉を生かす，子どもの言葉で動いていく授業

子どもの言葉を生かす授業，子どもの言葉で動いていく授業を，個を大切にする授業とよびたい。その個を大切にする授業を実現するためには，子どもの言葉を引き出し，価値ある方向へ磨いていく授業づくりが必要になる。

1 概数指導の難しさ

概数に難しさを感じる子どもは多い。ぴったりを求められていた子どもたちにとって「だいたい」と表現されることに抵抗を感じるからであろう。したがって，授業の中で「だいたい」がよい場面，「だいたい」としか言いようがない場面を見せる必要がある。

2 何匹でしょう？

「何匹でしょう？」と問いかけ写真を見せる。最初の写真には1羽の鳥。『誰でもわかるよ』と元気な声。続いては3頭の象，4頭の羊，6頭のキリンの写真と続ける。『バカにしないでよ！』とニコニコ顔の子どもたち。『どんどんいやらしくなるなぁ』という声も聞こえる。次に登場した写真は19頭の牛。『めっちゃいやらしい〜』と言いながら数える子どもたち。ただ，この牛は行儀よく？　一列に並んでいるので，ここまでは簡単に数えられる。子どもから『数えたくない』『だいたい〜』という言葉が登場し，授業が動き出すのを，授業者は待つ段階である。

次の馬の群れは，やや数えにくい。子どもたちに見せると『30〜20の間かな』という。一人一人に聞くと『25』や『26』など，具体的な数値を挙げる。まだ，子どもたちは数えているのである。

この段階では，まだ概数の出番はない。それでもここで「今日の動物は？」と聞いてみる。子どもの声を引き出すためには，発言する機会を何度か確保することも有効である。子どもは予想が難しい場面で価値ある発言をすることも多いのである。Mさんは『どんどん増えていっている』と言う。Yさんは「人の目で数を見極めるのは難しい」と言い出す。この言葉は「だいたい」につながっていくため板書にもきちんと残す。あと一歩で概数だ。

3 数えたくない！

次の羊の写真は，数えることがほぼ無理。写真を見た子どもたちは『数えたくない！』と言う。別な子は『60』と言う。この一言を生かすことで，授業が動き出す。「ぴったりだね」と問い返すと，他の子が『そうじゃなくて，だいたいの数だよ』と言う。ここまで来て，子どもは数えるのではなく数を大まかにとらえ始めた。概数の登場である。

Sさんは『だいたいじゃないとわからないから』とぴったりにする理由を説明し始める。子どもたちから数を大まかにとらることを引き出したこの瞬間が，概数という用語を指導するタイミングになる。

子どもの言葉を生かす授業，子どもの言葉で動く授業にするためには，子どもの言葉を引き出す授業者の仕掛けが必要である。また，引き出したい言葉，その言葉につながる子どもの思いが登場するまで，様々に仕掛けつつも子どもを信じて待つという授業者の姿勢も必要になるだろう。

※本稿は，全国算数授業研究会 月報第288号（令和4年11月発行）に掲載された事例です。

Monthly report

鯛の詩　ストローでチュウ

元國學院大學栃木短期大学*　　正木孝昌

またまたゴリラの無理難題

　ぼくらの先生をみんなは「ゴリラ」と呼ぶ。呼ばれても先生は平気だ。それどころか自分でも，ゴリラになった様な気がするのか，ときどき「昔，人間だったときは……」とか言ったりする。

　このゴリラ先生はときどき無茶苦茶を言う。今日も3時間目の算数の時間，始めの挨拶が終わるや否や，いきなり
「今日は，7×6を考える」
と言ったもんだ。みんなびっくりした。そして，思わず「えっ」と声を上げた。そりゃそうだ昨日までに二の段と五の段を勉強しただけなのに，突然七の段の中の一つを「考えろ」はないだろう。
「ゴリラ，それは無理だよ。まだ，七の段は習ってないもん」
と孝史が口を尖がらせて訴えるように言った。
「あっ，それを言っちゃいけない。それではゴリラの思う壺だ」と僕は思わず心の中で呟いた。いや，声に出そうとした。でも，遅かった。
「へえ，習ってなかったらできないのか。そんな子どもに育て覚えはないぞ」
　案の定，ゴリラはちょっと蔑んだ表情で，みんなを見回して話し始めた。

「かけ算は教えただろう。7×6を見て，これがどんな景色を表しているかは分かるはずだ。孝史。どんな景色が見えたか言ってみろ」
　孝史は立って，しばらく天井を見ていたが，やがて思い切ったように話した。
「たこ焼きが7個入ったパックが6つある」
「あぁ，いいなあ。たこ焼きがさっと浮かんだところは，流石，孝史殿だ」
　そんな子どもに育てて覚えはないなんて江戸時代のお母さんみたいな言葉で怒られた後で，誉められて孝史は複雑な顔をしている。
「奈々にはどんな景色が見えたかな」
「6しゅうかんは，何日か」
　奈々がはっきりと応えた。でも，顔はちょっと曇っている。みんなはきょとんとしている。でも，ちょっと間があって，「ああ，そうか。確かに……」という声が聞えた。ぼくにはまだ，奈々の景色が見えない。どうして6しゅうかんが7×6なんだ。「しゅうかん」って何だろう。
　先生は，奈々の顔がちょっと曇ったのを見逃さなかった。
「奈々，どうしたの。どうしてその景色が見えたの」
「お父さんがね，会社の仕事でベルギーへ6週間出張しているの」
「おや，それは，さびしいなあ。もう何週間

＊元筑波大学附属小学校，元全国算数授業研究会会長

経ったの」

「今日で，3週間ぐらい。後3週間」

あっ，そうか「しゅうかん」というのはカレンダーの週のことか。それなら1週間は7日だ。だから，6週間なら，"7×6"日だ。見えたぞ。

「みんな，7×6の景色は見えたな。では，その結果はどうなるか。考えてみよう」

「動く」そしたら「見えてくる」

ゴリラはいつも口癖のように言う。

「まず動け。そしたら，したいことが見えて来る」

今日もそれを言った。

「自分で何ができるか。とにかく鉛筆を動かせ。そこに間違いも，失敗もない。そして，『私はこんなことをしたよ』とみんなに知らせろ。そしたら，次にやりたいことが見えてくる」

みんな，それぞれに鉛筆を動かし始めた。ちょっと経ったところで，先生が「止めろ」と突然大きな声でみんなの動きを止めた。

「たこ焼きを描いている子が多いけど。ここで，上手なたこ焼きの描き方をでんじゅする」

また，分からんことをいう。「でんじゅ」って何だ。怪訝な顔で見上げると

「はは　左様か，「でんじゅ」が分からぬか。ならば教えてしんぜよう。「でんじゅ」とは伝綬と書く。つまり，教え伝えることじゃ」

だったら，始めから「たこ焼きの描き方を教えます」でいいではないか。すると，こち

らの心を見透かすようにゴリラは言った。

「伝授と教えるは違う。伝授されることは，師匠を疑わずに，とにかく従うのだ。そうすれば，だんだんその有難さが分かってくる。では，伝綬するぞ」

こう言って，先生は2つのたこ焼き図を描いた。

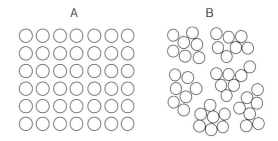

「たこ焼き7個の集まりを6つ描くのだからA，Bどちらでもいいはずだ。でも，たこ焼き図を描くときは，Aのように前へ並へ，横へ並へさせ，きちんと整列させて描きなさい」

九九が二つ見える

多くの子どもが上のAのたこ焼き図を描いた。

「このたこ焼きを数えたらいい。それで終わり」

先生が，感心したように，たこ焼き図を眺めて頷いた。芳江が代表で描いた図だ。伝綬されたようにきちんと整列している。

半分ほどの子どもが手を上げている。ぼくも上げた。上げながら「ぼくは違う図を描いた」と先生の顔を見ながら言った。先生の視線がぼくの顔をとらえた。

「邦彦は，たこ焼き図ではないのか」

僕は大きく頷いた。

「どれ」と先生が近づいてきた。そして，僕のノートに目を落とした。

「うん，これは面白い。なるほどね」

如何にも感心したように頭を振りながらゴリラは黒板のところに戻って行った。隣の美佳がちろりと僕のノートを覗きこんだ。

「邦彦のはおもしろいが，たこ焼きの後で発表してもらおう」

とゴリラは言った。

ふたつのかけ算

ゴリラが7×6の図を描けという。みんな「たこやき図」を描いたが，ぼくはみんなと違う図を描いた。ゴリラは，ぼくの図をちらっと見て「うん，これは面白い」と言ったが，「発表してみろ」と言わずに黒板の方へ戻って行った。そして，芳子の描いた「たこやき図」のたこ焼きをみんなで数えはじめた。

「みんなの知っている九九を使って数えてみよう」

とゴリラは言う。亜希子が

「九九を二つ使っていいですか」

と手も上げずに聞いた。これにゴリラは，思いがけず大袈裟に反応した。

「えっ，この図の中にかけ算が二つ見えるというのか」

とみんながびっくりするほど大きな声を出した。亜希子は頭をパァンと引っぱたかれたように目を見開きこくんと頷いた。

「みんなはどうだ，亜希子はどこにかけ算が見えているのか分かるか」

ゴリラは畳みかけるように聞く。

7，8人が手をあげた。ぼくも手を上げた。まさかぼくは当たらないと思った。何故なら，ぼくの描いた図は二つのかけ算が見えるようにしたものだったから。ゴリラは，それを知っている。ゴリラの習性として，あまりはっきり分かっていない子どもから当てて行く。普段の授業で，僕はそれを見抜いている。

案の定，拓人が当てられた。拓人は手を上げていなかった。だのに当てられた。

「ぼく，手をあげていない」と口の中で呟いた。

「いいから，発表しろ。お前は分かっているはずだ」

先生のくせに子どものことを「お前」などと呼んではいけない。しかし，ゴリラは「お前」を連発する。ぼくらもそれほど気にならない。上品な言葉だとは思わないけど，友だちどうしでもよく使う言葉だからだ。

しかし，それにしても「お前は分かっているはずだ」は酷い。気の毒なのは拓人だ。首を捻りながら，自信なさそうに，それでもふらふらと黒板のところに出て行った。そして，チョークを持って，芳子の図に何か書き込もうとした。途端にゴリラは拓人を自分の身体の前に抱え込んだ。拓人は両手ごと抱え込まれ目をパチクリしている。

「拓人が何か描こうとしている。何を描くのかな」

とゴリラはみんなを眺め回した。

さっきより多くの子どもが手を上げた。

「拓人，拓人が見えているかけ算のひとつは

何かな」とゴリラが聞く。

「2×6」と拓人がゴリラに抱かれたままはっきりと答える。

「なるほど，では拓人が見えているもうひとつのかけ算は何かな。智一」

「5×6」智一も答える。もう，みんなに亜希子のスクリーンに映った景色が見えているようだ。茂が出て来て，図のように芳子の図に線を入れた。

邦彦の図

「邦彦，お前の図を発表してみろ」とゴリラが言った。いよいよぼくの出番だ。

ぼくは出て行って自分の図を描いた。

「なるほど。7を2と5に分けたんだな。こうすると7×6が5×6と2×6に分かれることがよく分かる。いい図だ。これは面白い」
とゴリラは独りで感心している。ぼくもちょっとうれしい。でも，油断はできない。
「うん，なかなか面白いが。この5と2を繋いでいる棒は何かなあ」
そら来た。必ず誉めて後で何かいちゃもんを付けるのがゴリラの悪い癖だ。ぼくが戸惑っていると思いがけない助け舟が出た。

翔太が
「それはねストローだよ。7をチューと吸っ

たの，2だけね」
と言った。うまいこと言ったもんだ。そのとおりだ。どうしてぼくの気持が翔太に分かったんだろう。「ありがとう」って大きな声で言いたいところだ。そんな気持ちを込めて翔太の方を見てにこっと笑ったら，翔太もにこっと笑い返してくれた。

みんなもこの翔太の機転に大喜びしている。
「だったら，もうちょっとチューと吸ったらどうかなあ」

瑠奈が悪戯っぽく笑いながら言う。
「3と4になる」
「3×6と4×6を足しても，7×6になるかなあ」
「それは無理だろう」
「いや，できるよ」

みんなが口ぐちに騒ぎ出した。ゴリラがそんな子どもたちを静まらせた。そして
「まだ，3の段や4の段を習っていないから確かめることは」
とゴリラが言ったとき，それを押し返すように，みんなが一斉に声を揃えて言った。
「無理じゃない」

この授業風景，もう，30年も前になる。子どもの名前は正確ではないが，状況はかなり正確に描写しているつもりだ。子ども達が声を揃えて「無理じゃない」と言ったシーンはいまだにはっきりと残っている。この後，3の段，4の段を自分で作った子どもたちは邦彦の描いた「ストローでチュー」（子どもたちは6年生になるまで分配のきまりをこう呼んだ）を確かめた。

目的に合った数の処理の仕方を考える

4年　概数

田中英海

1 4年「概数」と四捨五入

　4年「概数」は意外とつまずきやすい。用語が多く（四捨五入，切り上げ，切り捨て，以上，以下，未満，上から○桁……），どの位をどう処理するのかにつまずきがあり，技能に時間をかけることも多い。

　また最近は，先取り学習をしている子も多いため，四捨五入という言葉を聞いたことがある子どもも多く，概数＝四捨五入と思い込んでいる気配すら感じる。しかし，概数の学習においては，「目的」を明確にしながら概数の内容を理解できるようにすることが大切である。

　小学校学習指導要領解説算数編には，「四捨五入は，概数を作る場合に，最も広く用いられる」（p.184）とあるように，四捨五入は概数の表し方の1つにすぎない。

　教科書では花火大会の打ち上げ数や町の人口など，日常事象の場面を取り上げて，およその数を表す文脈を作っている。そして，概数をつくる場合の四捨五入を教える。

　単元の後半には，四則計算の結果の見積もりのために，切り上げ，切り捨てする学習が入っている。動物園でかかる費用を概算してもっていくお金を決める時は，多めに見つもるために切り上げる。500円でいくつの物が買えるか見積もる時は切り下げて計算する。

　このように単元後半では目的意識をもって概数を使う場面はあるが，前半は四捨五入を知り，それを使う学習が多い。また，「約何千ですか」と位が指定されているため，目的によってどの位までの概数で表すのが適切かということまでは考えないことが多い。

　どうして四捨五入で概数をつくるのか，四捨五入以外の概数の表し方を考察する，創り出す授業を構想して実践してみた。

2 概数の範囲を考える授業

　花火大会のポスターを提示し，打ち上げ数を見せた。20000発という部分に対して，「およそだよ」「ぴったりはありえない」という反応があった。「実際の数はどのくらいなのか？」という問いを共有した。教科書にも同様な展開で単元のガイダンスがある（例えば，学校図書，小学校算数4上 p.124）。

　考える時間をとると，「15000〜25000」「15000〜24999」「19500〜20500」などの意見が出てきた。どれも20000を中心にする考えで，四捨五入を知っている子の意見も混在していた。数直線で範囲の意味を解釈し，次に12000発のポスターを考えた後，四捨五入を使う概数の作り方を押さえた。ここまでは概数に表す目的意識はあまりない。

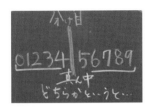

次時は，同じ花火大会のポスターの年度が違うものを3枚提示した。

| 第11回 約6000発 に増えて | 第12回 今年は 約6500発 増量 | 第13回 今年は 約7000発 に増量 |

実際には何発だと思うか，まずは約6000発の範囲を考える時間をとった。

6000発だった時，「5500発～6499発」という考えに多くの子が賛同した。千の位までの概数にするために百の位を四捨五入している。

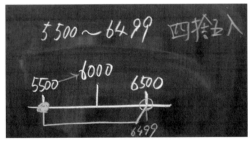

多くの子が納得に対して，「5600発～6400発だと思いました」と発言があった。「なんで？」「五捨六入？」と疑問が多く，一度5600発の理由を全体で想像していった。その後，「概数にしてポスターに表しているのだから，5500は入れてはいけないと思う。ポスターは500発ずつで，次の年は6500発になっているから」と複数年に渡ってポスターに着目することが説明された。この発言で百の位を

四捨五入して6000にしていた子たちも，もう一度考え始めた。「それだったら，5600は5500に近くなっちゃうよ」と意見に対して，「5750～6250だ」とつぶやき始めた。5600～6400と言っていた子も違ったと考え直していた。

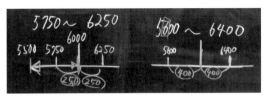

6000発を中心に，5500～6000，6000～6500を半分に分けて，概数の範囲を数直線に表して説明がされた。

　第11回は，5750～6250（6249）

　第12回は，6250～6750（6749）

　第13回は，6750～7250（7249）

という範囲の数だろうという予測でまとまった。

複数のポスターを提示して概数を表すことを考察してきた。6500発のポスターだけを取り扱ったとしたら，一つ下の位を四捨五入して6450～6549の範囲を想像してしまう子もいるだろう。四捨五入の処理はできているが，見方が狭くなってしまう。数直線上に示しながら，範囲を探していく活動は，四捨五入は概数の表し方の1つにすぎないことが分かる。比較対象があることで，ポスターに花火の打ち上げ数を表す目的や，その数の範囲を意識して対象に合わせた概数のつくり方をつかんでいった。

【授業で使用した花火大会のポスター】
　ばんけい夏まつり大花火大会

TANAKA Hidemi

AOYAMA Shoji

MORIMOTO Takashi

OHNO Kei

NAKATA Toshiyuki

SEIYAMA Takao

NATSUSAKA Satoshi

互恵的に学ぶ集団を育てる授業づくり

1ミリの違いから

青山尚司

1 「同じ」に見えるほどの「違い」

黒板にやや横長の長方形を2つ示すと，子どもたちは「同じじゃん」と反応した。さらに3つ目を示すと，「それも一緒じゃん」という声の中，ある子が，「1ミリくらい違うよ」と言った。みんなは笑った。本人もふざけて言ったことがウケて，ちょっと良い気分。ところが，「え？ よくわかったな!?」と驚いてみせると，子どもたちも，「え!?」と驚いた。本人も驚いている。

真ん中の長方形が，縦4cm，横6cmであることを示すと，「あ，分かった」という子が，「左の長方形は縦3.9cm，横5.9cmで，右は縦4.1cmで，横6.1cmでしょ？」と言った。なぜそう考えたのかを問うと，別の子が，「少しずつ増えていることを言いたいんでしょ？」と言う。「2人とも鋭いね，でもちょっと違うんだな」と，縦4cm，横6cmの長方形を挟んで，左の長方形には，縦3.9cm，横6.1cmと，右の長方形には縦4.1cm，横5.9cmと記入した。

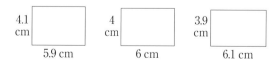

するとある子が，「それって面積一緒じゃん？」とつぶやいた。これに対して，「うん，

縦が長くなって横が短くなるから同じだよ」と賛同する声が多い。しかし，「真ん中の長方形は6cmの方が長いから，そっちを伸ばした右の方が大きい」と主張する子や，「周りの長さが同じなんだから，ぴったり整数になっている真ん中が一番大きくなる」という子も出てきた。「3つとも同じ」，「右が大きい」，「真ん中が大きい」という意見が三つ巴で対立している中，「ちょっと待って！計算したら左が一番大きい！」という衝撃の発言があった。

2 「なんで……？」

みんなで計算をしてみると，右は$3.9×6.1$＝23.79（cm^2），真ん中は$4×6＝24$（cm^2），左は$4.1×5.9＝24.19$（cm^2）であることが明らかになった。ノーマークだった左の長方形が最も面積が大きいことに，「なんで？」という問いが生まれ，その謎を解き明かすことが課題として設定された。

子どもたちは，真ん中の長方形と比べて，左の長方形の面積が$0.19 cm^2$分大きい理由を考え始めた。そして，横の長さが0.1cm短いことから，

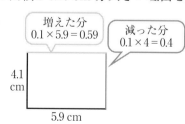

増えた分
$0.1×5.9＝0.59$

減った分
$0.1×4＝0.4$

4.1 cm

5.9 cm

TANAKA Hidemi

AOYAMA Shoji

MORIMOTO Takashi

OHNO Kei

NAKATA Toshiyuki

SEIYAMA Takao

NATSUSAKA Satoshi

面積は4×0.1で0.4cm²減り，縦の長さが0.1cm長いことから，面積が0.1×5.9で0.59cm²増えるため，0.59−0.4で0.19cm²分大きくなることを明らかにした。

また，右の長方形は真ん中の長方形よりも縦が0.1cm短い

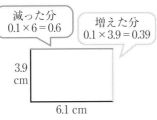

減った分
0.1×6＝0.6

増えた分
0.1×3.9＝0.39

3.9
cm

6.1 cm

ことから，面積は0.1×6＝0.6（cm²）減り，横が0.1cm長いことから，面積が0.1×3.9＝0.39（cm²）増えるため，その差の0.21cm²小さくなっていることを明らかにした。

長方形の構成要素である辺の長さの変化を面積の変化に置き換えたとき，短い方の辺を長くした方が，面積が大きくなっていく理由が見えてきたのである。

③ 「だったら……」

ここである子が，「だったら，縦をまた1ミリ増やして4.2にして，横を1ミリ減らして5.8にしたらまた大きくなると思います」と発言した。「どんどんやっていけば無限に増える」という子もいれば，「そんなわけないじゃん」という子もいて，自分たちで計算をし始めたのである。

実はこの授業，（小数）×（小数）の習熟のために，計算をする必然性を高めようと面積の比較での導入を試みたのである。自分たちから計算に取り組み始めた子どもたちを見てしめしめと思っていた。しかしこの後，子どもはこちらが思った通りに考えないということを実感することになる。

④ 「次は0.15じゃん！」

しばらくすると計算が苦手な子から，「めんどくさい」という声が聞こえてきた。するとある子が，「もう1個やればあとはかけ算をしなくてもわかるよ」と言い，「さっき，3.9×6.1と，4×6の差が0.21で，4×6と4.1×5.9の差が0.19だったじゃん？で，今4.2×5.8の計算をしたら24.36で，0.17増えてるのね」と説明した。これを聞いた，さっきまで「めんどくさい」と言っていた子が，「次は0.15じゃん！」と息を吹き返した。「0.13，0.11ってやっていけばちょうど5×5のところで25になる」という発言もあった。気が付けば，勝手にタブレットを出して電卓機能を使って計算をし，確かめている。

3.9×6.1＝23.79	＋0.21
4 ×6 ＝24	＋0.19
4.1×5.9＝24.19	＋0.17
4.2×5.8＝24.36	＋0.15
4.3×5.7＝24.51	＋0.13
4.4×5.6＝24.64	＋0.11
4.5×5.5＝24.75	＋0.09
4.6×5.4＝24.84	＋0.07
4.7×5.3＝24.91	＋0.05
4.8×5.2＝24.96	＋0.03
4.9×5.1＝24.99	＋0.01
5 ×5 ＝25	−0.01
5.1×4.9＝24.99	
⋮	⋮

⑤ 子どもたちの興味

子どもたちの興味は，ただ計算をすることではなく，増え方のきまりを見いだし，その仕組みを解明することや，そのきまりを用いて解決することに向かっていた。

こちらの企みとは全く違う方向に進んでいったのであるが，授業が失敗とは思えない互恵的な学びが引き出された1時間であった。

言葉の先の「対象」について考える

森本隆史

◆言葉の先の「対象」を考える

わたしが若い頃，算数の時間に毎時間と言っていいほど使っていた言葉があった。

> 「みんな，わかった？」

昔は特に違和感なく，というか，何も考えずにこの言葉を使っていた。どんなときにこの言葉を使っていたかというと，教師が「今の内容は理解するのが難しいだろうな」「困っている子どもがいそうだな」と思ったときに使っていた。例えば，ある子どもが難しいことを発表した後，教師が大事なことを説明した後など。子どもたちが困っているだろうと思ったときに，子どもたちのことを心配して使っているのである。

だから，いかにも子どもを大切にしているように聞こえるのである。わたしだけではなく，全国の先生方の授業を拝見していても，この言葉はよく出てくる。もちろん，子どもたちのことを大事に思って，このように言っているのだと思う。

しかし，考えたいことがある。「みんな」とはどんな子どものことだろうか。「みんな」は，全員を指しているようだが，全員が反応するわけではない。意外とこの「みんな」はあいまいな言葉である。

教師は「みんな，わかった？」とは言っているが，この言葉に反応できる子どもは限られている。「わかったよ」と反応できるのは，わかっている子どもだけである。「みんな」を対象にしているつもりなのだが，聞いている側からしてみると，実はそうではない。

◆学力差が生まれるきっかけをつくっている

この先を考えてみる。

わかっている子どもが「わかったよ」と反応する。わかっていない子どもは何も反応できない。しかし，教師は元気よく聞こえてくる「わかった」という言葉を聞いて安心して，授業を進めていく。わかっていない子どもは置いていかれることになる。

すると，一部の子どもは参加しているが，参加できていない子どもが教室の中に現れてくる。このようなことを4月から6月くらいまでくり返していくと，手を挙げる子どもが数人に限られてくる。夏休み前くらいになると，「いつも同じ子どもばかりが手を挙げる」という悩みが出てくるのはこのためだと考えている。

困っている子どもが「今のところがわからないから，ちょっと待って」とはなかなか言えない。教師は言葉を選ぶ必要がある。

◆ちょっとしたちがいで……

「わかった？」と尋ねると，わかっている子どもが「わかった」と反応しやすい。困っている子どもは反応しづらい。

では，どのように言えば，困っている子どもは反応しやすいのか。

> 「難しかった？」

言葉が少しちがうだけだが，このように言えば，困っていた子どもも「うん，難しかった」と言いやすい。

> 「今のはどう？」

このように言えば，わかった子どもは「わかった」と言い，難しいと思った子どもは「難しい」と言うこともできる。

ほんの少し，教師が言葉を変えると，子どもたちの参加率が変わってくる。なぜこのようなことが起こるのか。それは，教師の言葉の先にいる子どもの対象が変わったからである。

わたしたちは，どんな子どもを対象にしているのか，よく考えて授業を進めていく必要がある。

◆ある場面について

5年生がひし形の面積の学習をした後に，右のような図を見せてこの正方形の面積は何cm²になるのかを尋ねた。正方形の面積を求めるためには，一辺の長さがわからないと面積を求めることができないので，困った顔をする子どもが何人か現れた。しかし，

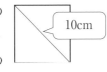

ここで「ああ，わかった」という声が少しずつ聞こえ始めた。

こんなことは授業をしているとよく起こる。こういう場面で教師はどんなことを言えばよいのだろうか。授業の流れを左右する一つの場面だと言える。

実際にはこんなことは言わないと思うが，仮にここで，

「だれか，発表してくれる人？」……A

と言ったとする。

この後の展開を考えると，きっと，考えを思いついた子どもが手を挙げて，自分の考えを伝える流れになることが予想できる。

それはなぜかというと，教師が言ったAという言葉の対象が，「発表することができる人」になっているからである。Aのような言葉の先には，困っている子どもたちが何かを表出できるチャンスがない。

困っている子どもも参加できるようにするために，Aのようにいきなり発言を子どもに任せるのではなく，困っている子どもも考えることができるような言葉を選びたい。

面積を求めることができた子どもたちを対象にして，他の子どもたちに考えが伝わりやすくなるように，

「だれかどうやって面積を求めたのか，黙ったまま，指で説明してくれる？」

と言ってみた。そうすると，ある子どもが前に出てきて，指で右のように示してくれた。わかっている子どもを対象にして尋ねるときには，他の子どもたちに考えが見えるようにしたい。

ビルドアップ型問題解決学習

感覚とイメージを大切にした算数授業（5）

大野　桂

◆前回のあらすじ

本題材は，「ど
んな四角形でも，
4辺の中点を直線
で結んでできた四
角形は，必ず平行四辺形になる」に気づき，
その理由を探求していく学習である。

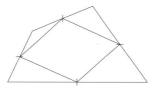

前回の連載で，「頂点をどこへ移動しても，
できる辺の幅は変わらない」ということに気
づく子どもが現れたことまでを述べた。ここ
から話の授業が，一気に「拡大図・縮図」へ
と切られていく。

◆傾きも変わらない

「頂点をどこへ移動しても，移動する辺の
幅は変わらない」だけでなく「傾きも変わら
ない（平行）」ことに気づく子どもが現れた。

そのことから，「だからいつでも平行四辺
形になる」と見出した。

◆「$\frac{1}{2}$」「1：2」「半分」

この一連の気づきに反論するように，そし
て，この話に焦点をあてるべく，「頂点をど

こへ移動しても，移動する辺の幅は変わらない
し，傾きも変わらないなんて，そんなことあり
えるの？」と問いかけてみた。

すると，唐突に「$\frac{1}{2}$」という声が上がった。
私は，間髪入れず「何で$\frac{1}{2}$なんて数を言い出
したの？　これまでこの問題に数なんてどこに
も出てこなかったでしょ？」と全体に問い返
した。なぜなら，この問題に内在する本質で
ある，「拡大図・縮図」へと気づいた反応だ
と察知したからである。

続けて，「1：2」「半分」が表出した。こ
れらの気づきを捉え，「$\frac{1}{2}$，半分ってどこのこ
といっているか分かる？　$\frac{1}{2}$が見えるの？」と
全体に問い返してみた。

すると，「$\frac{1}{2}$，半分であることは，線を引け
ば分かる」といい出す子どもが現れた。そし
て，外側の四角形の対角線を引き出した。

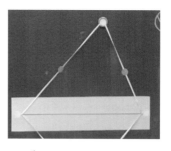

すると，「$\frac{1}{2}$が見えた」という声が，多数
あがり，続けて，「内側にできる四角形の辺
は，外側の四角形の対角線の$\frac{1}{2}$になってい
る」と述べはじめた。

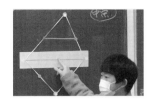

　確認が取れたところで，続けて，「じゃあ 1：2はどこのこといってる？」と聞くと，「内側にできる四角形の辺を1とすると，対角線が2になるということ」と述べた。

◆拡大図・縮図に気づく

　すると，「そうか，拡大図・縮図だ」と1人の子どもが言い出した。この声をとらえ，「この図の中に拡大図・縮図がみえるの？」と全体の問うと，「みえる」の声が多数上がった。

　そして，拡大・縮小になっている三角形を指でなぞり始めた。ここで，私は，なぞった三角形だけを取り出し，板書した。

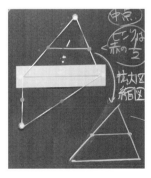

　すると，「小さな三角形が大きな三角形の$\frac{1}{2}$になっている」ことを述べ，その理由を，「共通する角の大きさは等しく，辺の真ん中の点は中点だから，1：2になっているから」とて説

明した。このことにより，「内側にできる四角形の辺は，外側の四角形の対角線の$\frac{1}{2}$になっている」ことが明らかになった。

　さらに，拡大・縮小であることから角の大きさが等しいこと，そして，それを同位角とみれば，辺は平行になることから，「内側にできる四角形の辺は，外側の四角形の対角線と平行」であることを明らかにした。

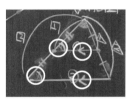

◆外側の四角形の辺の中点を結んでできる四角形は平行四辺形になる

　話を本題に戻すべく，「ここまでの話から，内側にできる四角形が平行四辺形になるのは説明できそう？」と問うてみた。

　すると，「下側の三角形も同じように拡大縮小だから，内側の四角形の上下の辺をみれば，長さは等しくて平行。だから，1組の向かい合う辺の長さが等しくて平行だから，平行四辺形にある」と説明するに至った。

TANAKA Hidemi

AOYAMA Shoji

MORIMOTO Takashi

OHNO Kei

NAKATA Toshiyuki

SEIYAMA Takao

NATSUSAKA Satoshi

そのときに持っている量の感覚で面積を予想する
― 4年「面積」 ―

中田　寿幸

1時間目に面積を導入し，2時間目に1 cm^{2}を教え，3時間目に6 cm^{2}の面積の図形をいろいろかいて楽しんだ子どもたちである。

【4時間目】長方形と正方形の面積の公式を導く

教科書の練習問題の長方形と正方形をそのままプリントにし，写真をとってスクリーンに提示した。

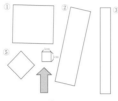

【1 cm^{2}の正方形】

T：面積は何 cm^{2}でしょう？　書き加えた1 cm^{2}の正方形を元に予想してみましょう。

C：長さがわからないと面積はわからないよ。

T：長さが分からないと面積は予想できないかなあ。

C：1 cm^{2}が何個分あるか考えればいいから，予想ならどうにかなるでしょう。

こうして子どもたちは提示された長方形と正方形の中に1 cm^{2}の正方形を敷き詰めるイメージをしながら，面積を予想していった。

C：①は横に4つ，縦に4つあると思うから16 cm^{2}だと思う。

C：②は横に2つ，縦に7つだと思うから2×7で14 cm^{2}だと思う。

C：ぼくは横に2つ，縦に8つ入ると思うから②は2×8で16 cm^{2}だと思う。

すべての面積を予想したところで，プリントを配った。辺の長さを測りながら，1 cm^{2}が何個入るかを子どもたちはイメージしていくことができた。

【5時間目】L字型の図形の面積を求める

L字型の図形の面積の予想をさせた。ここでも，長さは示さずに1 cm^{2}をL字型の図形の端に示した。

子どもたちは1 cm^{2}の正方形を元に長さを予想しながら，L字型の図形の面積を考えた。予想が出そろったところで，どのようにして予想したのかを聞いていった。

1 cm^{2}の正方形を元に長さを予想しながら，L字型を分割したり，埋めたり，移動させたりしながら面積を予想した長さで求めていった。

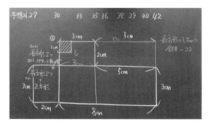

【6時間目】大きな面積の単位の導入

まずは黒板の面積を考えた。黒板に1 cm^{2}を示し，予想させた。

C：1 cm^2，小さいなあ。

C：2000ぐらいかなあ。

C：そんなに小さいか。5000はあるんじゃないかなあ。

C：1万！

C：そんな大きいわけないじゃん！

　そんなやりとりをしている中，「答えは大きな数になるから1 cm^{2}じゃなくて，もっと大きな単位を使った方がいい」という意見が出された。

C：1 cm を元にしているから大きな数になっちゃうけど，1 m を元にしたら，そんな大きな数にならないよ。

　ここで，1 m^{2}の単位を黒板に実物大をかいて教えた。黒板の面積が何 m^{2}ぐらいなのか予想した。およそ3 m^{2}から4 m^{2}と言えそうだと目安をもった。

C：黒板の長さがわかれば，正確な面積がわかる。

　という意見を受けて，黒板の長さを測った。横が360 cm，縦が110 cm だった。360×110 なので，黒板の面積は39600 cm^{2}となった。

　39600 cm^{2}と答えのけた数が大きくなった。「黒板の面積は 3 〜4 m^{2}でいいのか？」ということが問題になった。

　そこで，1 m^{2}が何 cm^{2}なのかを予想させた。100 cm^2，1000 cm^2，10000 cm^{2}と予想が出さ

れた。黒板にかいた実物の図に書き入れながら，縦横ともに100 cm なので，100×100で10000 cm^{2}ということがわかった。

　すると黒板の面積39600 cm^{2}は3.96 m^{2}であるという。どうしてそう言えるのかと問い返すと，1 m^2 = 10000 cm^{2}を使って，39600 cm^{2}を次のように分解して説明した。

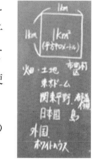

　この授業の中で1 m^{2}を教えたときに，一緒に1 km^{2}も子どもから出てきたので教えていた。そして，どんな時に使われるか予想させていた。

　国や都道府県，区市町村の広さという子がいる中で，

C：東京ドーム。

C：アメリカの大統領がいるホワイトハウスはすごく広いってテレビで見たよ。

という意見が出てきた。この日は予想するにとどまったが，翌日，km^{2}を学習していて，「ホワイトハウスも東京ドームも広いけど，全然1 km^{2}にならないんだね」という感想が出された。この感想から，1 m^{2}と1 km^{2}の間の面積の単位 a，ha を考えていった。

　面積の学習では面積を予想することで，単位正方形が長方形に並んでいることをイメージしていくことができる。そして，そのイメージしていく過程が面積の量の感覚を豊かにしていくことになる。

TANAKA Hidemi

AOYAMA Shoji

MORIMOTO Takashi

OHNO Kei

NAKATA Toshiyuki

SEIYAMA Takao

NATSUSAKA Satoshi

数学的活動を通して 学びに向かう力 を育てる

□連載□第22回

問題の焦点化から一般化までの数学的活動
—4年生　対頂角の考察—

盛山隆雄

1 問題提示

（1）問題の焦点化

　次のように2本の直線が交わる図を見せて，

「4つの角の大きさを考えよう」

と板書した。そして，同じように2本の直線が交わる図をノートに適当にかくように指示をした。

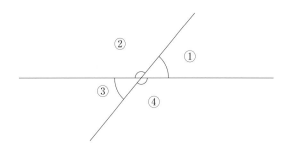

　まずは黒板にかいた①の角の大きさを分度器で測ってみることにした。前に出て，一人の子どもが分度器で測定すると，51°だった。すると，次のような反応が子どもたちから現れた。

「これで残りの角の大きさがわかりました！」

　この反応を教室全体に確認すると，ほとんどの子どもが「わかる」と言ったが，中には，首を傾げている子どももいた。何を困っているかを聞くと，

「分度器で測っていないのに，どうしてわかるの？」

と素直に話した。そこで，「どうすれば分度

器を使わずに残りの角の大きさがわかるのかな？」と板書して，問題を焦点化した。

（2）数学的な見方をヒントにする

　しばらく考える時間をとったが，見通しがもてない子どもに変容はなかった。そこで次のように話した。

「この図のどこに着目すればいいのかな。まだ見えてこない友だちにヒントをくれない？」

　着眼点を言わせることと，まだ見えてこない友だちのため，という相手意識をもたせることが大切である。ある子どもは次のように話して，図をかいた。

「②を求めるためにここに注目してください」

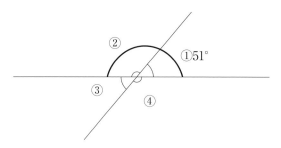

　この図を見て，「180°だ」と呟く子どももいた。このヒントによって，それまで困っていた子どもが動き出し，180−51＝129という式を発表するに至った。②の角が180°に対して①の補角であるという見方ができたことを意味した。その数学的な見方ができると，減

法の立式と計算という数学的な考え方が働くのである。

次に③の角を考察したが，この時もすぐに求め方がわからない子どもが数名いた。そこで同じように，「さっきのようにどこに注目すればいいか，ヒントを出してくれますか」と問うた。するとある子どもは，「今度は，こちらの直線を見てください」と言って直線を太くして強調した。

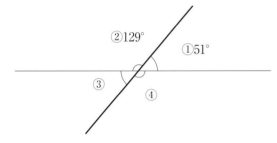

この太線によって，それまで見えていなかった子どもが，すぐに反応した。
「そうか。今度はこちらの180°か」

このように発言した子どもは180−129＝51という式を発表した。結局，①と③の角の大きさは，51°で等しくなった。

（3）別の見方をする子ども

最初に②の角の大きさの求め方がわからなくて困っていた子どもが発言した。
「僕は①と③の角が，なんとなく同じ大きさに見えていました。2本の直線が直角に交わっています（まだ垂直は未習）。この直線を1°ずらして①の角を89°にしたら，④の角も1°ずれて89°になります。この感じで39°ずらしたら，①も③も51°になると思います」

この子どもの説明は，多くの子どもたちの

納得を得た。

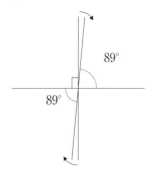

（4）一般化する

最後に次のように言った。
「みんなもノートに同じような図をかいたよね。黒板に書いたものは，①の角と③の角が偶然等しくなりました。みんなの図はどうだろうか。調べてみようか」
すると，次のような言葉が返ってきた。
「①と③の角は絶対等しくなるでしょ！」
「そうだよ。いつも同じになりそう」

このように次の課題が生まれたところで本時は終了した。この課題について，次の時間に式による考えが発表された。

$\underline{180−②＝①}$　　$\underline{180−②＝③}$
だから，①＝③
※2つの180°の角の位置は異なる。

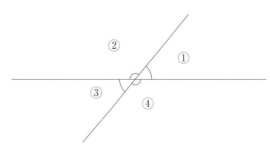

ただ，子どもたちは，あの1°ずつずらす考えの方が，対頂角が常に等しいことをイメージできると言っていた。

TANAKA Hidemi　AOYAMA Shoji　MORIMOTO Takashi　OHNO Kei　NAKATA Toshiyuki　SEIYAMA Takao　NATSUSAKA Satoshi

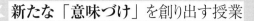

場面を読み解く

夏坂哲志

1 短冊を使った問題づくり

「長方形の広場の問題」と板書し，短冊を黒板に貼る。

> | たて：横＝2：3です。 | 96 | でしょうか。 |
>
> | 周りの長さは | 面積は | m | m² | です。 |

これらを並べ替えて，問題文をつくるのである。6年生「比の活用」の問題である。

子どもは，次の2通りの文ができることに気づく。（1行目は「たて：横＝2：3です」と固定する。）

> ①たて：横＝2：3です。
>
> 　周りの長さは96mです。
>
> 　面積は何m²でしょうか。

> ②たて：横＝2：3です。
>
> 　面積は96m²です。
>
> 　周りの長さは何mでしょうか。

「どちらの問題が簡単だろうね？」と子どもに尋ねると，迷いながらも「①の方が簡単だと思う」と答える子の方が少し多かった。そこで，①を先に考えてみることにする。

2 長方形の面積を求める

①は，長方形の面積が問われている問題だが，答えを求めようとしてみると，実は，長方形のたてと横の長さを求める問題であることがわかる。たてと横の長さを求め，たて×横の計算をするのである。

注意すべき点は，96mを2：3に分けるのではないということである。子どもは，右のような図に表すことによって，そのことを見抜いた。

そして，まずは周りの長さを10等分して，比の1にあたる長さ（図の1区切り分の長さ）を求めた。式に表すと次のようになる。

$$(3+2) \times 2 = 10$$

$$96 \div 10 = 9.6 \ (m)$$

これとは別に，次の式で考えた子もいる。

$$96 \div 2 = 48 \qquad 3 + 2 = 5$$

$$48 \div 5 = 9.6 \ (m)$$

はじめに，「たてと横の長さの和」を求めたのである。

あとは，たてと横の長さをそれぞれ求め，長方形の求積公式にあてはめればよい。

たて　$9.6 \times 2 = 19.2 \ (m)$

横　　$9.6 \times 3 = 28.8 \ (m)$

面積　$19.2 \times 28.8 = 552.96 \ (m^2)$

第1時は，ここまで。

3 長方形の周りの長さを求める

第2時は，②の問題について考えた。わかっているのは「たてと横の長さの比」と「面積」。そこから長方形の各辺の長さを求めるのはちょっと難しい。

M児は，かけて96になる数の組み合わせを全て考え，それを表のように並べた。

たて	1	2	3	4	6	8
横	96	48	32	24	16	12

この中から，たて：横が2：3になる組み合わせを見つければよい。順に調べてみると，たて＝8m，横＝12mの場合であることがわかる。この結果から周りの長さは，次の式で求められる。

$(8+12) \times 2 = 40$ （m）

続いてY児は，別の考え方として，2：3の2と3を使って答えを求めようとした。

$2 \times 3 = 6$　　$96 \div 6 = 16$ （m）

これが比の1にあたる。前時の図から，周りの長さはこの10個分なので，

$16 \times 10 = 160$ （m）

と考えた。ところが，M児が求めた答えとは合わない。困っていると，R児が手を挙げた。そして，「2：3を何倍ずつすればかけて96になるかを考えなければならない」と言う。

式を使って表すと，次のようになる。

2　×　3　＝　6
↓×□　↓×□
○　×　△　＝　96

今，求めたいのは，○と△の値（○と△はたてと横の長さ）であり，そのためには□に入る数がわかればよいということをR児は言

っているのである。

□を求めるために，まず，「96は6の何倍か」を考える。すると，「16倍」であることがわかる。だから，□＝4になる。

2　×　3　＝　6
↓×4　↓×4　↓×16
○　×　△　＝　96

このように考えていくと，○と△の値は確かにM児の結果と同じになった。

○＝2×4＝8 （m）
△＝3×4＝12 （m）

答えはこれでよさそうなのだが，子どもたちはまだ何となく腑に落ちていない様子である。数と式だけで答えを求めてきたからなのかもしれない。

そう思っていると，H児が「たてと横の比が2：3ということは，6つの正方形に分かれるということでしょ」と，問題場面に即して話し始めた。

図に表すと，右のようになる。

この正方形1つ分の面積は，$96\,\text{m}^2$の$\frac{1}{6}$だから$96 \div 6 = 16$ （m^2）と求められる。その1辺は4mということになる。

思わず「なるほど～」「これはわかりやすい」という声が子どもから起こった。

Y児が求めた16は長さ（m）ではなく，この正方形の面積（m^2）だったのである。

①の問題で，数値が96だと計算が面倒だと感じていた子からは，「だから，96にしたのかあ」という声も聞こえてきた。

TANAKA Hidemi

AOYAMA Shoji

MORIMOTO Takashi

OHNO Kei

NAKATA Toshiyuki

SEIYAMA Takao

NATSUSAKA Satoshi

算数授業情報

611

冬の授業フェスタ【森本×青山】
シン・算数の導入

> 何事もはじめが肝心，算数の導入で大切にしたいことは何でしょうか。導入は盛り上がったのに，中盤から子どもたちの元気がなくなっていくこともよくあります。
>
> 授業の導入，単元の導入をどう組み立てていくとよいのかについて，話し合います。

日　時：12月28日（水）
12：00〜12：30　受付
12：30〜12：35　オープニング
12：35〜13：35　森本隆史による導入講座
13：45〜14：45　青山尚司による導入講座
15：00〜15：25　授業づくり座談会
15：25〜15：30　クロージング
主　催：授業てらす

　授業てらすとは，「授業がうまくなりたい」という先生の声からうまれた，学校の先生のための新しい教員コミュニティです。
URL：https://jugyoterrace.com
参加費：現地参加　　3,500円
　　　　　オンライン　2,500円
申し込み方法
　右のQRコードからお申し込みください。

612

学習公開・初等教育研修会

主　催：筑波大学附属小学校
　　　　一般社団法人　初等教育研究会

日　時：2月11日（土），12日（日）　9：00〜
　　　　16：00
会　場：筑波大学附属小学校
会　費：4,000円（対面・オンラインともに）
申　込：現時点では対面（先着順）とオンラインでの参加を準備しております。どちらも事前のお申し込みが必要となります。本校ホームページ内「教育研究」＞「研究案内」をお読みの上，お申し込みください。

◆　2月11日（土）個人授業提案　◆
　9：00〜10：00（オンライン）
　　1年　大野桂「けいさんのきまり」
　　3年　中田寿幸「分数」
　10：30〜11：30（オンライン）
　　2年　田中英海「分数」
　　5年　青山尚司「比べ方を考えよう」
　13：30〜14：30（対面・オンライン）
　　6年　森本隆史「数学への架け橋（図形）」
　14：30〜16：00（対面・オンライン）
　　算数科分科会
テーマ：自立した学び手を育てるための協働的な学び
　　パネリスト　加固希支男先生
　　パネリスト　笠井健一先生
◆　2月12日（日）個人授業提案　◆
　9：00〜10：00（オンライン）
　　4年　盛山隆雄「割合」
　10：30〜11：30（オンライン）
　　6年　夏坂哲志「数学への架け橋」

613

冬季全国算数授業研究大会　広島大会（対面開催）

【テーマ】「見つめ直す『わたし』の算数授業

＊会場校＆広島県内＆全国算数授業研究会理事の授業者による14本の授業＆協議会！

＊明日の算数授業を語り合うシンポジウム！

【期　　日】令和5年1月21日（土）

【会　　場】広島県三原市立南小学校（JR三原駅から徒歩約10分）

【参加費】3,000円（学生1,000円）

【お申込み方法】右のQRコードを読み込み，フォームよりお申し込みください。

【お問合わせ先】広島大会事務局　瀬尾駿介　sansu.hiroshima@gmail.com

【日程・内容】

8:50	9:55	11:00	11:45	12:45	13:30	14:35	15:30	16:15	16:30
①公開授業Ⅰ	②公開授業Ⅱ	③公開授業Ⅲ	昼休み	④公開授業協議会Ⅰ	⑤公開授業協議会Ⅱ	⑥公開授業協議会Ⅲ	⑦シンポジウム	閉会行事	

①公開授業Ⅰ（④協議会）……会場校（三原市立南小）の先生方の授業

　1年「たし算とひき算」廣戸萌依／2年「分けた大きさの表し方を調べよう」空井妙

　3年「間の数に注目して」堤田利奈／4年「どのように変わるか調べよう」泉昌吾

　5年「面積の求め方を考えよう」吉本優／6年「順序よく整理して調べよう」石川啓生

②公開授業Ⅱ（⑤協議会）……広島県の先生方の授業

　1年「たし算とひき算」岩本充弘・広島大附属小／2年「三角形と角」瀬尾駿介・三次市

　3年「小数の倍」林田雄樹・呉市／4年「割合」福原正隆・三次市→パネラー：**田中英海**

　5年「図形の面積」小林秀訓・広島大附属東雲小

　5年「平均」牟田圭佑・東広島市→パネラー：**中田寿幸**

③公開授業Ⅲ（⑥協議会）……全国算数授業研究会理事の授業

　3年「倍で比べる」**大野桂**→パネラー：**青山尚司**

　6年「対称な図形の活用」**森本隆史**

⑦シンポジウム「見つめ直す『わたし』の算数授業

　シンポジスト：**夏坂哲志・尾﨑正彦** 関西大学初等部・**岡田紘子** お茶の水女子大附属小

ⓔ 編集後記
editor's note

◆裏表紙の子どもたちの手紙につけたコンパスでの模様づくりは円の学習を始めて6時間目が終わったときに取り組んだものです。

筑波大学の教育実習生が6月に3週間実習に来ていて，そのお別れの時に画用紙で色紙をつくり，メッセージを送っていました。

10月の2度目の実習は1週間の短い期間。今度のお別れは手紙にしようと，5日目の金曜日の3時間目の算数の時間にコンパスで模様を作り，4時間目の国語の時間と合わせて手紙を仕上げていきました。6時間目のお別れ会のときに一人一人が2人の実習生それぞれに手紙を渡して別れを惜しんでいました。

コンパスを使った模様づくりはすでに1回，授業の中で取り組んでいました。そこで友達同士で見合っていた経験が今回の模様づくりに生かされていました。

コンパスを使った模様づくりは歴代の中田学級で今までに何度も取り組んできました。しかし，今回の手紙は相手を意識しながら模様を作っていくという目的意識がはっきりしていました。そのため，作業がとても丁寧で，模様が出来上がってくる過程で子供たちは教え合いながら，高め合うことができました。

コンパスを使うことが苦手だった子も，丁寧にかきながらきれいに仕上げていきました。

人が活動するときには，やはり相手意識，目的意識をはっきりさせ，必要感を高めていくといいと，改めて感じました。

学んだことを生活の中に活用する場を作っていくことは，技能を高め，知識を豊かにしていきます。苦手と思っている子どもにこそ，活用の場面で自分の力が高まったことを感じさせていきたいと思いました。　（中田寿幸）

ⓝ 次号予告
next issue No.145

特集　「計算指導」に強くなる

算数の内容の多くを占める計算領域の指導に強くなることは，現場教師にとって重要な課題と考える。「強くなる」の意味は，計算内容を多面的に理解することと，指導方法について，内容や系統，図や発問など，多様な視点から考察することと考えている。

これまで計算に関連した論究のテーマには，「かけ算を究める」，「わり算の本質」があった。今回「計算指導」と間口を広げたテーマにしたのは，計算全体を体系的に見直してみるという意図もあったからである。算数を研究する皆様や教室現場で奮闘する教師の必読の特集にできればと思う。

ⓢ 定期購読
subscription

『算数授業研究』誌は，続けてご購読いただけるとお得になる年間定期購読もご用意しております。

■ 年間購読（6冊）5,292円（税込）
　［本誌10%引き！　送料無料！］
■ 都度課金（1冊）980円（税込）
　［送料無料！］

お申込詳細は，弊社ホームページをご参照ください。定期購読についてのお問い合わせは，弊社営業部まで（頁下部に連絡先記載）。　https://www.toyokan.co.jp/

算数授業研究 No.144
　　　　2023年1月31日発行

企画・編集／筑波大学附属小学校算数研究部
発　行　者／錦織圭之介
発　行　所／株式会社 東洋館出版社
　　〒101-0054　東京都千代田区神田錦町2丁目9番1号
　　　　　　　　　　　　　コンフォール安田ビル2階
　　　　電話　03-6778-4343（代　表）
　　　　　　　03-6778-7278（営業部）
　　　　振替　00180-7-96823
　　　　URL　https://www.toyokan.co.jp

印刷・製本／藤原印刷株式会社
ISBN 978-4-491-05051-5　Printed in Japan

後期から
使える
下巻改訂版
ついに刊行!

田中博史
全面監修

B5判
3,080円（税込）

ここが新しい

大好評頂いている板書シリーズ

◇ **新学習指導要領に対応**

子どもとの対話を板書しながら展開していく授業の実際がわかる!

◇ **執筆者による授業DVD付き**

授業づくりのポイントをより見やすく!!

◇ **全ページ見やすい2色刷り**

1年（上）執筆：小松信哉・中田寿幸・永田美奈子・森本隆史

本書は『板書で見る全単元・全時間の授業のすべて』のシリーズの第3期になります。このシリーズは読者の先生方の厚い支持をいただき累計100万部となる，教育書としてはベストセラーと言えるシリーズとなりました。

今回のシリーズも執筆者集団には，文字通り算数授業の達人と言われる面々を揃えました。子どもの姿を通して検証された本物の実践がここに結集されていると思います。さらに，各巻には具体的な授業のイメージをより実感できるように，実際の授業シーンを板書に焦点を当て編集した授業映像DVDも付け加えました。

明日の算数授業で，算数好きを増やすことに必ず役立つシリーズとなったと自負しています。

板書シリーズ算数 総合企画監修
「授業・人」塾 代表 田中 博史
前筑波大学附属小学校副校長・前全国算数授業研究会会長

山本
良和
著
2年（上）

盛山
隆雄
著
5年（上）

夏坂
哲志
著
3年（上）

尾﨑
正彦
著
6年（上）

大野
桂
著
4年（上）

絶賛
発売中!!

見やすい二色刷り

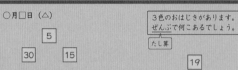

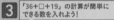

各巻1本の授業動画付

1年（上）　**中田 寿幸**　「とけい」第2時

2年（上）　**山本 良和**　「たし算」第11時

3年（上）　**夏坂 哲志**　「わり算」第10時

4年（上）　**大野 桂**　「倍の見方」第1時

5年（上）　**盛山 隆雄**　「小数のわり算」第1時

6年（上）　**尾﨑 正彦**　「対称な図形」第1時
関西大学 初等部 教諭